KB139096

왕초보도 때려잡는 영어회화 Basic 1

지은이	이상민
펴낸이	이상민
펴낸곳	(주)매드포스터디
초판 1쇄 발행	2019년 8월 1일
개발참여	매드포북스 LAB
	JD Kim
	Jodi Lynn Jones
기획/책임편집	이상민
편집디자인	한지은, 이상민
표지/본문디자인	한지은
일러스트	이동윤

매드포스터디

주소	서울시 성동구 성수일로 89, 906호
이메일	publish@m4study.com
연락처	1661-7661
팩스	(02)6280-7661
출판등록	2010년 11월 2일 제 2010-000054호

Copyright © 2019 이상민

값 12,000원
ISBN 979-11-967588-1-3 14740
ISBN 979-11-967588-0-6 14740 (세트)

www.m4books.com
매드포스터디 홈페이지를 방문하시면 MP3 자료를 비롯한
유용한 학습 콘텐츠들을 무료로 이용하실 수 있습니다.

Getting
Started!

왕초보도
때려잡는
영어회화

Basic 1

이상민 지음

Show'em Who's Boss!

머리말

선택이냐, 필수이냐의 차이는 있겠지만, 우리나라 대부분의 사람들이 갖고 싶어 하는 최고의 능력 중 하나에는 반드시 "유창한 영어회화 실력"이 포함되지 않을까 싶어요. 적어도 제 주변에서는 "난 영어회화에 관심 없어.", "우리 애들은 영어회화 못해도 돼."라고 말하는 사람은 못 봤거든요. 이렇게 많은 관심에도, 왜 우린 늘 왕초보 수준에서 벗어나지 못하고 "영어회화 정복"을 매년 새해 목표로 삼게 되는 걸까요?

"영어회화"는 "영어로 이야기를 나누는 것"이에요. 즉, 영어회화를 잘하려면 영어로 말을 많이 해야 하죠. 설마, 말하지 않고도 영어회화 실력을 늘릴 수 있는 방법이 있을 거라고 믿는 분이 계시진 않겠죠? 깊이 생각해보지 않아도 너무나도 분명한 이런 사실에도 불구하고, 주위를 둘러보면 가장 소극적인 "시청 활동"만을 요하는 동영상 강좌에 그토록 원하는 "영어회화 실력 향상"을 의존하는 사람들이 너무나 많은 것 같습니다. 아마도, 가장 익숙하면서도 편한 방법이기 때문에 그렇지 않나 싶어요.

동영상 강좌가 전혀 도움이 안 된다는 건 아니에요. 요즘에는 현지의 생생한 표현을 알려주는 재미 있는 동영상 강좌도 많더군요. 제 말은, "시청"에서 끝나면 안 된다는 거예요. 반드시 자기 입으로 직접 연습해야만 자기 실력이 된답니다. 전쟁에 나가려면 총알이 있어야겠죠? 동영상 강좌 시청은 총알을 비축하는 여러 방법 중 하나일 뿐이에요. 책을 통해서도 총알은 비축할 수 있죠. 문제는, 총알 비축만으로는 전쟁에서 승리할 수 없다는 사실이랍니다.

요즘은 동영상 강좌 서비스를 제공하는 교육업체들도 약간의 훈련 툴을 제공하기도 하고, 아예 훈련 툴을 핵심 서비스로 제공하는 업체들도 있지만, 무엇보다도 가장 좋은 회화학습 방법은 원어민 강사가 있는 어학원을 이용하든, 원어민에게 과외를 받든, 원어민 전화/화상영어 서비스를 이용하든, 어떤 식으로든 원어민과 직접 대화를 나누는 것이 아닐까 싶어요.

『왕초보도 때려잡는 영어회화』, 줄여서 『왕때영』은 원어민과 함께 영어회화를 공부하고자 하는 학습자들을 위해 개발했습니다. 사실, 만드는 과정이 그리 순탄치는 않았어요. 패턴영어처럼 어느 정도 고정된 틀이 있는 타 교재들과는 달리, 회화 교재는 주제마다 가르쳐야 할 방법이 달라서 레슨 마다 어떤 식으로 가르쳐야 할지 고민해야 했는데, 참고로 할 만한 시중 교재들이 딱히 없었거든요. 시중 교재 중 국내 출판사들이 만든 것들은 대부분 수업용 교재가 아닌 독학서였고, 해외 원서 교재들은 매일 조금씩 꾸준히 학습해야 하는 국내 학습자들에겐 약간 아쉬운 부분이 있었어요. 제작 과정 중 많은 우여곡절이 있었지만, 어찌 됐건, 영어교육 사업을 시작할 때부터 지금까지 늘 하나쯤 완성하고 싶었던 영어회화 교재를 이제 마무리하게 되니 정말 속 시원하네요. 『왕때영』이 저처럼 "영어회화 실력은 자기 입으로 직접 연습한 시간에 비례한다."라는 생각을 가진 영어회화 학습자들에게도 동일한 속 시원함을 드릴 수 있길 바랍니다.

이 책의 개발을 위해 함께 고생해주신 JD 선생님과 Jodi 선생님께 감사의 말씀 드립니다. 아울러, 늘 곁에서 큰 힘이 되어주는 제 아내와, 오랜 친구이자 든든한 파트너인 이왕태 이사, 그리고 한 분 한 분 다 언급할 순 없어도 늘 응원해주시고 저희를 위해 기도해주시는 모든 분께도 감사의 말씀 전하며, 모든 영광을 하나님께 돌립니다. 감사합니다.

이 상 민

이 책의 특징

❶ 지금 왕때영을 잡은 당신은 초보이며,
왕때영은 바로 당신을 위한 책입니다.

온라인 영어교육 서비스 중 "회화 학습"에 가장 효과적이라고 할 수 있는 전화/화상영어 분야에서 약 15년간 레벨테스트를 제공하며 쌓인 DB를 살펴보면 학습자들 가운데 약 70%는 8단계 레벨 중 2~3레벨에 속합니다. 즉, 좋게 말하면 "초보", 좀 더 심하게 말하면 "왕초보"란 말이죠. 토익 900점, 문법 박사, 듣기 천재, … 이런 것들은 전혀 필요 없습니다. 그냥 회화 실력만 놓고 보면, 영어회화 때문에 고민하는 대부분의 학습자들은 초보라고 볼 수 있어요. 그런데도 초보 학습자들은 대부분 이 사실을 인정하지 않아요. 분명, 본인의 회화 실력이 낮아서 어떻게든 도움을 구하기 위해 전화/화상영어 서비스를 찾아온 학습자인데도, 레벨테스트 점수가 낮게 나오면 기분 나빠 하고, 회화책 1권은 너무 쉽다며 2~3권부터 시작하곤 하죠. 사실, "회화"라는 것 자체가 어렵지 않아요. 평상시 대화가 어려우면 그게 오히려 이상한 것이겠죠. 수능 영어나 토익에 어느 정도 익숙한 학습자들이 보면 회화책은 아주 쉬운 책에 속합니다. 물론, 이는 "독해"라는 측면에서 그렇단 말이지, 정작 대화 시엔 아주 간단한 문장도 제대로 내뱉지 못하는 분들이 많아요. "회화 학습"에서는 아무리 쉬운 문장도 적시에 자기 입으로 말할 수 없으면 완벽히 학습했다고 볼 수 없답니다. 자, 인정할 건 인정합시다. 『왕때영(왕초보도 때려잡는 영어회화)』이라고 해서 다른 사람 쳐다보지 마세요. 지금 이 책을 잡은 당신은 초보이며, 이 책은 바로 당신을 위한 책입니다.

❷ 업그레이드 편에서는
베이직 편과 동일한 또는 비슷한 주제에 관해
반복/심화 학습할 수 있도록 구성했어요.

가끔 저는 누군가에게 영어를 가르쳐줄 때 더 많이 알려주고 싶은 욕심에 이것저것 관련된 내용들까지 한꺼번에 가르쳐주곤 해요. 학습자가 어느 정도 실력이 될 때는 재밌어하겠지만, 초보자일 경우엔 그로기 상태에 빠지게 되죠. 사실, 초보자들은 주제별로 쉬운 내용들만 먼저 쭉 배우고, 나머지 심화 내용들은 다시금 복습할 때 다루면 훨씬 더 이해하기 쉬운데, 『왕때영』은 이러한 점을 고려해 베이직 편과 업그레이드 편으로 나누었어요. 베이직 편 140개 레슨과 업그레이드 편 140개 레슨은 서로 같거나 비슷한 주제를 다루고 있으며, 베이직 편에는 초보 학습자들이 이해할 수 있는 내용들을, 업그레이드 편에는 그보다 심화된 내용들을 담았습니다.

❸ 핵심 부분은 원서 형태를 취하면서도
원서 파트에 대한 번역과 해설,
그리고 팁까지 포함하고 있어요.

하루에 4~6시간 정도 1:1 원어민 과외를 할 수 있고 온종일 영어로 말할 수 있는 환경에서 회화를 학습할 수 있다면 좋겠지만, 국내 학습자들에겐 꿈같은 이야기겠죠. 국내 환경에서 회화를 학습하려면 매일 꾸준히 하는 것이 제일 중요한 것 같아요. 아쉽게도, 작심하고 해외 어학연수를 떠나지 않는 한 하루 1시간 이상 회화 학습에 꾸준히 투자할 수 있는 사람은 많지 않죠. 학습한 내용을 복습하고 자기 입으로 직접 훈련하는 시간도 있어야 하므로, 원어민과 실제로 학습할 수 있는 시간은 최대 30분 정도에 불과하다고 볼 수 있습니다. 그러려면 내용을 빨리 이해할 수 있도록 어느 정도 떠먹여 주는 부분이 있어야 하는데, 이러한 이유로『왕때영』은 원어민과의 학습을 위해 핵심 부분은 원서 형태를 취하면서도 원서 파트에 대한 번역과 해설, 그리고 팁까지 포함하고 있답니다.

❹ 상황별 회화를 중심으로,
각 수준에서 소화할 수 있는 어휘 및 유용한 표현,
그리고 문법까지 종합적으로 다루고 있어요.

『왕때영』은 상황별 회화를 중심으로, 각 수준에서 소화할 수 있는 어휘 및 유용한 표현, 그리고 문법까지 종합적으로 다루고 있어요. 이 책을 가지고 회화 학습을 시작하는 시점에서는 "왕초보" 겠지만, 네 권으로 구성된 이 책의 마지막 장을 덮는 순간에는 어느새 중상급 단계에 올라 있을 거예요. 정말로 회화 실력 향상을 꿈꾼다면, 이 책 저 책 고민하지 말고,『왕때영』하나만 때려 잡으세요.『왕때영』만으로도 충분합니다.

자, 이제 시작해볼까요?

이 책의 구성과 활용

Basic 편 (레슨당 2페이지로 구성)

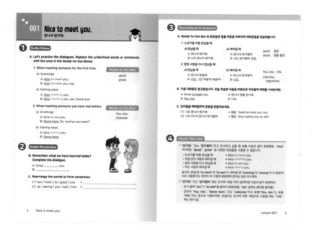

❶ Gotta Know
 - 핵심 학습 내용이 담긴 코너

❷ Gotta Remember
 - 복습 및 응용 코너

❸ Translations & Answers
 - 번역 및 정답 제공 코너

❹ Check This Out
 - 해설 및 팁 제공 코너

수업 전
- Translations & Answers 코너와 Check This Out 코너의 내용을 미리 가볍게 읽고 예습합니다. (처음에는 일부 내용이 이해가 안 될 수도 있습니다.)
- 음원(MP3)을 활용해 당일 학습할 내용을 두세 번 가볍게 들어봅니다.
- 익숙지 않은 어휘나 표현들은 따로 정리하여 암기합니다.

수업 중
- 교사의 리드에 따라 Gotta Know 코너(당일 배워야 할 핵심 내용이 담긴 코너)와 Gotta Remember 코너(복습/응용 코너)를 학습합니다.

수업 후
- Translations & Answers 코너와 Check This Out 코너의 내용을 다시 읽으며 당일 학습 내용을 꼼꼼히 복습합니다. (예습 시에는 이해가 안 되었던 내용들이 교사와의 수업 후 이해가 되면서 학습 효과가 배가됩니다.)
- 학습 내용 중 유용한 문장은 따로 정리한 후 거의 암기할 수 있을 때까지 소리 내어 연습합니다. 이때 음원(MP3)을 활용해 "따라 읽기(음원을 먼저 듣고 따라 읽기)" 및 "동시에 말하기(음원을 재생함과 동시에 말하기)" 훈련을 하면 발음/억양/강세 훈련은 물론, 문장 암기 효과까지 기대할 수 있습니다.

8

Upgrade 편 (레슨당 4페이지로 구성)

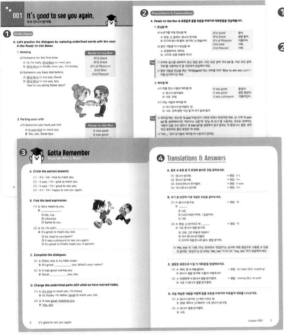

❶ Gotta Know
- 핵심 학습 내용이 담긴 코너

❷ Translations & Explanations
- Gotta Know 코너에 대한 번역, 해설 및 팁(일부 문제에 대한 정답) 제공 코너

❸ Gotta Remember
- 복습 및 응용 코너

❹ Translations & Answers
- Gotta Remember 코너에 대한 번역 및 정답(일부 문제에 대한 해설 및 팁) 제공 코너

 수업 전
- 업그레이드 편은 베이직 편에서 다룬 주제와 같거나 또는 비슷한 주제에 대해 반복/심화 학습하기 때문에 수업 전 베이직 편을 먼저 복습하면 훨씬 효과적입니다. (레슨 번호는 같을 수도 있고 ±1 정도 차이가 있을 수도 있습니다.)
- Translations & Explanations 코너와 Translations & Answers 코너의 내용을 미리 가볍게 읽고 예습합니다. (처음에는 일부 내용이 이해가 안 될 수도 있습니다.)
- 음원(MP3)을 활용해 당일 학습할 내용을 두세 번 가볍게 들어봅니다.
- 익숙지 않은 어휘나 표현들은 따로 정리하여 암기합니다.

수업 중
- 교사의 리드에 따라 Gotta Know 코너(당일 배워야 할 핵심 내용이 담긴 코너)와 Gotta Remember 코너(복습 및 응용 코너)를 학습합니다.

수업 후
- Translations & Explanations 코너와 Translations & Answers 코너의 내용을 다시 읽으며 당일 학습 내용을 꼼꼼히 복습합니다. (예습 시에는 이해가 안 됐던 내용들이 교사와의 수업 후 이해가 되면서 학습 효과가 배가됩니다.)
- 학습 내용 중 유용한 문장은 따로 정리한 후 거의 암기할 수 있을 때까지 소리 내어 연습합니다. 이때 음원(MP3)을 활용해 "따라 읽기(음원을 먼저 듣고 따라 읽기)" 및 "동시에 말하기(음원을 재생함과 동시에 말하기)" 훈련을 하면 발음/억양/강세 훈련은 물론, 문장 암기 효과까지 기대할 수 있습니다.

회화 잘하는 법

2014년 6월쯤, 어릴 적부터 알고 지낸 한 친한 동생이 갑자기 절 찾아와서는 "형, 회화 실력을 늘릴 수 있는 방법 좀 알려줘."라고 물었습니다. 가르치는 것에서 손 뗀 지 15년 가까이 됐는데도, 아직 내게 이런 상담을 구하는 게 고맙기도 했지만, 한편으로는 답답함이 밀려왔습니다. 그 동생은 오랫동안 어학연수도 받아보고, 학원도 다녀보고, 전화/화상영어도 이용해본 애였거든요. 저는 영어 교육학 박사는 아닙니다만, 나름 오랫동안 영어를 공부하면서 많은 고민을 해봤기에 그 애 입장에서 같이 해답을 찾아보려고 노력했습니다.

이야기를 나눠본 결과, 그 애가 정말 단순하면서도 중요한 사실 하나를 놓치고 있다는 것을 알게 됐습니다. 바로 "말하기(Speaking)는 직접 자신의 입으로 말해야만 실력이 는다"는 것이죠. 어찌 보면 너무나 당연한 말이기에, 한 편으로는 맥 빠지는 해답일 수도 있지만, 스스로에게 한번 물어 봅시다. 그걸 알면서 왜 실천하지 못하는지.

인터넷 서핑을 하다가 어떤 분이 이렇게 말씀하시는 걸 봤습니다. "너네가 왜 공부를 못하는 줄 알아? 너흰 공부를 안 해! (그러니까 못하는 거야.)" 와... 이런 걸 팩트 폭력이라고 하더군요. 맞는 말이라서 반박도 하기 힘든... 이것을 회화 버전으로 바꿔서 표현해보겠습니다. "여러분이 왜 회화를 못하는 줄 아세요? 여러분은 영어로 말을 안 해요."

"말하기(Speaking)는 직접 자신의 입으로 말해야만 실력이 는다"

사람들은 어떤 분야가 되었건 영어공부에 있어 소극적이며, 수동적입니다. 토익을 잘하려면 토익 학원에 가고, 회화를 잘하려면 어학연수를 가며, 문법을 배우려면 과외를 받습니다. 어떻게 해야 토익을 잘할 수 있고, 회화를 잘할 수 있으며, 문법을 잘 알 수 있는지 고민하기보다, 그런 것들을 가르쳐주는 장소나 사람에 의존하죠. 하지만 정작 학습법 자체를 모르면 그런 장소나 사람을 활용 해도 크게 효과를 못 보게 됩니다.

어학연수를 떠났던 한 청년이 있었습니다. 나름 문법에 자신 있었던 그는 어학원에 다닌 지 한 달 만에 회화책 4권을 끝냈습니다. 별로 어려운 내용이 없었던 거죠. 하지만 한 달 후에도 여전히 회화 실력은 "어버버"였습니다. 부끄럽지만 바로 어릴 적 제 경험입니다. "회화"라는 게 어려울까요? 사람들이 평소에 주고받는 말을 "회화"라고 한다면, 그게 어려우면 이상하겠죠. 회화는 쉽습니다. 문법 전문가가 아니더라도 회화책을 그냥 쭉 읽어보면 대부분 이해가 될 정도로 쉽습니다. 제가 한 달 후에도 회화 실력이 늘지 않았던 이유는 회화책을 독해책 공부하듯 공부했기 때문이었습니다. 눈으로 보고 이해만 되면 학습을 끝냈다고 생각하고 진도 빼기 바빴던 것이죠. 사실, 독해책보다 회화책이 내용적인 면에서는 훨씬 쉽습니다.

회화 실력이 늘지 않았던 이유는
회화책을 독해책 공부하듯 공부했기 때문이었습니다.

"독해책 공부와 회화책 공부가 어떻게 다르길래 그러냐?"라고 물으신다면, "천지 차이"라고 답변 드리겠습니다. 언어에 있어 듣기(Listening)와 읽기(Reading)가 정보를 받아들이는 INPUT 영역에 해당한다면, 말하기(Speaking)와 쓰기(Writing)는 습득한(또는 획득한) 정보를 사용하는 OUTPUT의 영역에 해당합니다. 독해는 정보를 읽고 이해하는 것이 목적이지만, 회화는 의사소통이 목적입니다. 목적 자체가 다르며, 당연히 학습법도 다르죠.

여기서 한 번 생각해볼 문제는, 내가 내 입으로 말할(Speaking) 수 있는 내용을 상대방의 입을 통해 듣게(Listening) 되면 귀에 더 잘 들리며, 내가 글로 쓸(Writing) 수 있는 내용을 책으로 읽었을(Reading) 때 더 눈에 잘 들어오더라는 사실입니다. 하지만 반대로, 눈으로 봐서 이해한 내용을 다시 글이나 말로 표현하라고 하면 어려운 경우가 많습니다. 즉, 영어 학습 시 말하기와 쓰기 위주로 학습하면 듣기와 읽기 능력은 어느 정도 함께 상승하는 사례가 많지만, 듣기와 읽기를 잘한다고 해서 말하기나 쓰기 실력이 눈에 띄게 상승하는 사례는 드뭅니다. 물론, 네 가지 영역을 골고루 학습할 수 있다면 더욱 좋겠지만, 그럴 수 없다면, OUTPUT 영역을 위주로 학습하는 것이 훨씬 좋다고 말씀드리고 싶습니다.

다시 돌아와서, 저는 OUTPUT을 위한 회화책을 INPUT을 위한 독해책처럼 학습했습니다. 따라서 한 달이 지났을 때 책의 스토리는 대충 이해가 되었지만(당연히 글처럼 읽었으니) 배운 내용 중 그 어느 것도 제 입으로 쉽게 표현할 수는 없었습니다. 저는 비싼 돈 주고 책을 읽은 셈이었습니다.

저는 비싼 돈 주고 책을 읽은 셈이었습니다.

전 제 나이 또래 대부분의 사람들처럼 어릴 적부터 일본식 영어 발음에 익숙해 있었습니다. 따라서 발음은 엉망진창이었죠. 어떤 발음은 잘 들리지도 않고, 입으로 잘 나오지도 않았죠. 분명히 아는 발음인데도 제 머리와 제 입은 따로 놀았습니다. 하지만 토익 L/C 자료로 문장을 "따라 읽고", "동시에 말하는" 훈련을 하던 중 제 입으로는 불가하다고 생각했던 발음이 제대로 나오기 시작했습니다. 오호라~ 그때 비로소 깨닫게 되었습니다. 언어라는 건 머릿속으로 이해하는 것과 내 몸(입과 귀)이 습득하는 게 다르다는 사실을요. 즉, "안다는 것"과 "말할 수 있다는 것"이 다르다는 것을 알게 됐습니다.

회화는 아무리 쉬운 표현이라도 필요한 상황에 자신의 입으로 툭 튀어나오지 않으면 "회화를 학습했다"고 말할 수 없는 것입니다. 그러려면 머릿속 지식이 육체적인 감각, 즉 입을 통해 자연스럽게 나올 수 있도록 훈련하는 수밖에 없습니다. 이러한 의미에서 "말하기(회화)는 말하기를 통해 학습해야 한다"는 "아주 단순하면서도 대부분의 사람들이 실천하지 않는 진리"가 나오는 것이랍니다.

"안다는 것"과 "말할 수 있다는 것"이 다르다는 것을 알게 되었습니다.

회화를 학습할 때 원어민의 역할은 절대적이지 않습니다. 원어민 강사의 노하우나 체험에서 우러나오는 자세한 설명이 필요한 경우가 아니라면 자신이 알고 있는 내용을 써먹을 대화상대로, 더 정확히 말하자면 배운 내용을 입으로 훈련시켜줄 트레이너로 필요한 경우가 대부분이죠. 실제로 내용 이해는 한국 강사의 설명을 듣거나 한국말로 설명된 교재를 보는 게 더 빠릅니다. 그럼에도 불구하고 어학연수 가서 회화 수업을 받는 사람들을 보면, 하루에 6시간 넘게 1:1 수업을 하면서도 원어민 선생님의 설명을 듣고 이해하거나, 또는 책을 보고 이해하느라 수업 중 대부분의 시간을 낭비하는 학생들을 많이 봅니다. 이것은 전화영어나 화상영어 학습 때도 그대로 나타납니다. 제 말의 핵심은 어학연수나 전화영어, 화상영어가 효과가 없다는 말이 아닙니다. 그것을 활용하는 방법이 잘못되었다는 말이죠. 즉, 원어민과의 수업 시간은 자신이 아는 내용이나 학습한 내용을 훈련해야 할 시간인데, 그제서야 머릿속에 정보를 집어넣고 있다는 것입니다.

회화 공부는 훈련할 내용을 학습하고 이해하기 위한 시간과, 그것을 실제로 내 입으로 훈련하기 위한 시간이 필요합니다. 어학연수나 전화영어, 화상영어 학습의 관점에서 보자면 예습의 시간이 있어야 한다는 말입니다. 정보는 미리 머릿속에 담아와야 하고, 실제 수업 시간에는 그것을 내 입으로 훈련하는 시간으로 삼아야 합니다. 예습이 총알을 장전하는 시간이라면, 본 수업은 전투의 시간입니다. 매우 공격적이어야 하죠. 특히, 어학연수와는 수업 시간이 비교가 안 될 정도로 짧은 전화영어와 화상영어 학습은 수업 후에도 약 30분가량 자기만의 훈련 시간을 따로 가져야 합니다.

> *예습이 총알을 장전하는 시간이라면, 본 수업은 전투의 시간입니다.*

이제, 지금까지 구구절절하게 설명한 내용을 요약해 "회화 잘하는 법"에 대한 결론을 짓겠습니다.

첫째, 회화는 '독해'가 아니라 '말하기'입니다. 읽지(Reading) 말고 말(Speaking)하십시오.
둘째, 원어민과의 수업 시간을 낭비하지 마십시오. 총알은 미리 장전해야 합니다.
셋째, 수업 시간에는 훈련에 집중하십시오.
넷째, 학습한 내용을 자신의 입으로 훈련하는 시간을 하루 최소 30분 이상 가지세요.

혼자서 훈련하는 시간을 꼭 가지세요. 훈련 시간을 낼 수 없다면, 어학연수나 전화영어, 화상영어 수업은 앞서 제 경험처럼 "비싼 돈 내고 책 읽는" 학습이 되기 쉽습니다. 훈련할 시간이 없다는 건, 회화 학습을 하기 싫다는 말입니다.

> *훈련할 시간이 없다는 건, 회화 학습을 하기 싫다는 말입니다.*

마지막으로 한 말씀 드리고 글을 마무리하겠습니다. 아무리 좋은 교재가 나오고, 아무리 좋은 학습법이 개발되어도, "회화 실력은 자신이 직접 자기 입으로 훈련한 시간에 비례한다"는 사실은 변하지 않습니다! 이 책을 선택한 여러분은 "회화를 잘했으면 좋겠다"라는 막연한 바람에서 머물지 않고, 직접 책을 선택해 학습하려는 적극적인 의지가 있는 분들이라 믿습니다. 그러니 이제 같이 훈련을 시작합시다. 여러분은 할 수 있습니다.

> *회화 실력은 자신이 직접 자기 입으로 훈련한 시간에 비례합니다!*

문장 연습은 이렇게...

혹시 "러브액츄얼리"라는 영화를 보셨나요? 영화에서 등장하는 여러 커플 중 어느 커플이 가장 기억에 남으세요? 보통은 스케치북으로 청혼하는 장면만 기억하시더군요. "TO ME, YOU ARE PERFECT" 기억나시죠? 제 경우엔 서로 언어가 달라 의사소통이 안 되던 작가 제이미와 포르투갈 가정부 오렐리아 커플이 가장 인상에 깊게 남았습니다. 제이미가 오렐리아를 바래다주는 상황에서 제이미는 영어로 "난 널 바래다주는 이 순간이 가장 행복해."라고 말하고, 오렐리아는 포르투갈어로 "전 당신과 곧 헤어져야 하는 이 순간이 가장 슬퍼요."라고 말하는데, 어쩜 같은 순간 같은 감정을 이처럼 다르게 표현할 수 있는지... 그 장면과 더불어 기억에 남는 건 제이미가 어학원 랩실에서 헤드셋을 끼고 열심히 포르투갈어를 공부하는 장면입니다. 눈치채셨나요? 바로 이 장면을 소개하기 위해 러브액츄얼리 이야기를 꺼낸 것이랍니다. 제이미가 오렐리아에게 청혼하기 위해 어학원에서 열심히 훈련했듯, 회화를 끝장내려는 의지가 있는 여러분이라면 적어도 제이미 이상의 노력을 기울여야 한답니다.

회화는 표현이 생명입니다. 특정 상황에서 얼마나 적절한 표현을 사용하는가가 중요하죠. 그러려면 많은 표현을 알고 있어야겠죠? 표현은 하나의 "단어(word)"일 수도 있고, "구(phrase)"일 수도 있고, "문장(sentence)"일 수도 있는데, 어차피 대화는 대부분 문장 단위로 할 것이므로 문장 단위로 연습하는 것이 좋습니다.

훈련에 앞서 가장 먼저 해야 할 것은 어떤 표현을 훈련할 것인지 "선택"하는 것입니다. 보통, 의욕이 앞서는 학습자는 맞닥뜨리는 표현을 몽땅 외우려고 덤볐다가 일주일도 못 가 포기하곤 하는데, 표현을 선택할 때에는 반드시 자신이 소화할 수 있는 양에서 최대 110% 정도만 선택하는 것이 좋습니다. 또한, 특이하고 재미있다고 해서 자주 쓰이는 건 아니므로 자신이 평소 자주 사용할 법한 표현들로만 선택하도록 합니다.

훈련할 표현을 정리했다면 제일 첫 단계는 "따라 읽기"입니다.

> **1-1** 음원을 먼저 재생한 후 귀 기울여 듣습니다.

> **1-2** 음원과 최대한 비슷하게 따라 읽어봅니다.

➡ 이렇게 한 문장당 최소 15회 이상 반복합니다.

두 번째 단계는 "동시에 말하기"입니다.

> **2-1** 음원 재생과 동시에 말하기 시작합니다.

> **2-2** 음원이 끝날 때 같이 끝날 수 있게 합니다.

➡ 이 단계 역시 한 문장당 최소 15회 이상 반복합니다.

이처럼 20~30여 회 이상 신경 써서 읽은 문장은 입에 익어서 적시에 무의식적으로 튀어나오기도 합니다. 이와 더불어 첫 번째 단계에서는 발음이 개선되고, 두 번째 단계에서는 억양과 강세까지 개선되는 효과를 기대할 수 있습니다. 연습해보면 알겠지만 두 번째 단계에서는 문장이 조금만 길어져도 비슷한 억양과 강세로 말하지 않으면 동시에 끝나지 않는답니다.

이 훈련에서는 주의해야 할 것이 세 가지 있습니다.

첫째, 간혹 반복 횟수에만 신경 쓰고, 정작 문장 내용이나 발음에는 신경을 안 쓰는 학습자들이 있는데, 그러면 그냥 멍 때리는 것과 같답니다. 반드시 문장 내용과 발음에 신경 쓰면서 읽어야 합니다.

둘째, 단계별 훈련 방법 소개에서 첫 번째 단계는 따라 "읽기"라고 표현했고, 두 번째 단계는 동시에 "말하기"라고 표현한 것 눈치채셨나요? 첫 번째 단계에서는 눈으로는 문장을 보고 귀로는 음원을 들으면서 연습하는 것입니다. 반면, 두 번째 단계에서는 보지 않고 "말해야" 합니다. 암기하면서 훈련하는 것이죠.

셋째, 말하는 내용은 다시 자신의 귀를 통해 2차 자극을 주게 됩니다. 즉, 자신이 말하는 내용이 다시 자신의 귀에 들리게 되면서 뇌에 반복 자극을 준다는 것이죠. 하지만 귀는 자신이 평상시 말하는 소리 크기에 익숙해져 있어서 평상시보다 더 크게 말해야 한답니다. 이러한 이유로 지금까지 이 방법으로 훈련해본 적이 없었던 학습자들은 하루 이틀 만에 목이 쉬기도 합니다.

자, 이제 문장 연습 방법을 충분히 이해하셨죠? 소금물 가글 준비하시고, 오늘부터 꾸준히 30분 이상 이 방법으로 훈련해보세요! 한 달이 지날 즈음엔 표현력과 더불어 발음/억양/강세가 눈에 띄게 향상돼 있을 거예요. 쌀라쌀라 영어 방언이 터지는 날을 기대하며, 화이팅!

Contents
목차

▶▶▶
Let's Get Started!
▶▶▶

Gotta Know

A. Let's practice the dialogues. Replace the underlined words or sentences with the ones in the *Ready-to-Use Boxes*.

1. When meeting someone for the first time.

a) Greetings

A: <u>Nice</u> to meet you.
B: <u>Nice</u> to meet you, too.

Ready-to-Use Box
good
great

b) Parting ways

A: <u>Nice</u> meeting you.
B: <u>Nice</u> meeting you, too. Good-bye.

2. When meeting someone you have met before.

a) Greetings

A: Nice to see you.
B: <u>Same here.</u> So, how've you been?

Ready-to-Use Box
You, too.
Likewise.

b) Parting ways

A: Nice seeing you.
B: <u>Same here.</u>

Gotta Remember

B. Remember what we have learned today? Complete the dialogue.

A: Great _____ you.
B: _____.

C. Rearrange the words to form sentences.

(1) too / meet / to / good / you → _____.
(2) as / seeing / you / well / nice → _____.

A. Ready-to-Use Box 속 표현들로 밑줄 부분을 바꿔가며 대화문들을 연습해봅시다.

1. 누군가를 처음 만났을 때

   a) 만났을 때

   　A: 만나서 반가워.
   　B: 나도 만나서 반가워.

   b) 헤어질 때

   　A: 만나서 반가웠어.
   　B: 나도 반가웠어. 안녕.

good	좋은
great	정말 좋은

2. 알던 사람을 다시 만났을 때

   a) 만났을 때

   　A: 만나서 반갑네.
   　B: 나도. 그간 어떻게 지냈어?

   b) 헤어질 때

   　A: 만나서 반가웠어.
   　B: 나도.

You, too.	나도.
Likewise.	
	마찬가지야.

B. 다음 대화문은 참고용입니다. 오늘 학습한 내용을 바탕으로 자유롭게 대화를 나눠보세요.

A: Great to meet you.　　　　　A: 만나서 정말 반가워.
B: You, too.　　　　　　　　　　B: 나도.

C. 단어들을 재배열하여 문장을 만들어보세요.

(1) 나도 만나서 반가워.　　　　　→ 정답 : Good to meet you, too.
(2) 나도 (다시) 만나서 반가웠어.　→ 정답 : Nice seeing you as well.

Check This Out

1) **"반가워."** 또는 **"반가웠어."**라고 인사하고 싶을 땐 보통 다음과 같이 표현해요. **"nice"** 자리에는 **"good"**, **"great"** 등 다양한 표현들을 사용할 수 있답니다.

   • 누군가를 처음 만났을 때　　　→ Nice to meet you.
   • 처음 만난 사람과 헤어질 때　　→ Nice meeting you.
   • 알던 사람을 다시 만났을 때　　→ Nice to see you.
   • 아는 사람과 헤어질 때　　　　→ Nice seeing you.

   참고로, 만날 땐 **"to meet"**과 **"to see"**가, 헤어질 땐 **"meeting"**과 **"seeing"**이 더 일반적으로 사용된다는 것이지 꼭 그렇게 표현해야 한다는 것은 아니에요.

2) **"반가워."** 또는 **"반가웠어."**라는 인사에 **"나도."**라고 답하려면 다음과 같이 표현해요.

   - 인사 끝에 **"too"**나 **"as well"**을 붙여서 표현(보통, **"too"** 앞에는 콤마를 붙여줌)
   - 간단히 **"You, too."**, **"Same here."** 또는 **"Likewise."**라고 표현(**"You, too."**는 보통 **"너도."**라는 뜻으로 사용되지만, 반갑다는 인사에 대한 대답으로 사용될 때는 **"나도."**라는 뜻이 됨)

What's your name?

너 이름이 뭐야? / 너 이름이 어떻게 돼?

Gotta Know

A. Let's practice the dialogues. Replace the underlined words with the ones in the *Ready-to-Use Boxes*.

   1. Telling someone your name.

     A: What's your name?
     B: <u>I'm</u> Jason.

> **Ready-to-Use Box**
> My name's
> It's

   2. Telling someone to call you by your nickname.

     A: What's your name?
     B: I'm Timothy, but <u>just call me</u> Tim.

> **Ready-to-Use Box**
> please call me
> you can call me

Gotta Remember

B. In Western culture, people's names typically consist of three parts. Use the *Cheat Box* to fill in the blanks.

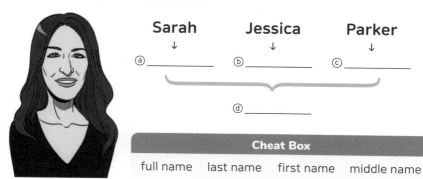

Sarah   Jessica   Parker
↓   ↓   ↓
ⓐ _____ ⓑ _____ ⓒ _____

ⓓ _____

> **Cheat Box**
> full name   last name   first name   middle name

C. Answer the questions below.

   Q: What's your name?
   A: _____.

   Q: What should I call you?
   A: _____.

A. Ready-to-Use Box 속 표현들로 밑줄 부분을 바꿔가며 대화문들을 연습해봅시다.

1. 이름 알려주기

A: 너 이름이 뭐야?
B: "제이슨"이라고 해.

My name's	내 이름은 ~야.
It's	그건 ~야.

2. 별명으로 불러 달라고 말하기

A: 너 이름이 뭐야?
B: "티머시"라고 해. 하지만
그냥 "팀"이라고 불러줘.

please call me	(날) ~라고 불러줘.
you can call me	(날) ~라고 불러도 돼.

B. 서양인들의 이름은 보통 다음과 같이 구성돼 있습니다. Cheat Box 속 표현들을 이용해 빈칸을 채워보세요.

쎄어러	제씨커	파커
↓	↓	↓
ⓐ	ⓑ	ⓒ

ⓓ

ⓐ 정답 : first name   이름
ⓑ 정답 : middle name   미들 네임(가운데 이름)
ⓒ 정답 : last name   성
ⓓ 정답 : full name   풀 네임(전체 성명)

C. 다음 응답들은 참고용입니다. 각 질문에 자유롭게 응답해보세요.

Q: What's your name?
A: I'm Sangmin Lee.

Q: 당신은 이름이 뭔가요?
A: 전 "상민 리"라고 해요.

Q: What should I call you?
A: Just call me Daniel.

Q: 제가 당신을 어떻게 부르면 될까요?
A: 그냥 대니얼이라고 불러주세요.

Check This Out

1) 자신의 이름을 알려줄 때는 "**My name's …**" 또는 간단히 "**I'm …**"이라고 말할 수 있어요.
간혹, "**It's …**"라고 표현하기도 하죠.

2) 영어권에서는 이름이 길거나 복잡한 경우가 많아서, 보통 자신의 이름을 알려준 후에는
짧은 별명이나 애칭을 추가로 알려주기도 해요.

3) 보통, 동양인들에겐 없지만 서양인들에겐 "**middle name(미들 네임)**"이라는 다소 생소한
이름이 있어요. 서양에서는 "**first name(이름)**"과 "**last name(성)**"에 이것까지 합쳐 "**full
name**"이라고 한답니다.

4) 스스럼없이 가깝게 지내는 사이에서는 나이나 지위 고하와 관계없이 서로를 "**이름(first
name)**"으로 부르는 경우가 많은데, 그래서 어느 정도 가까운 사이라고 말할 때는 다음과
같이 표현해요.

• We're on a first-name basis.   우린 절친한 사이야. / 우린 말 놓는 사이야.
/ 우린 말 트고 지내.

003 Stop calling me late at night.

밤늦게 나한테 전화 좀 그만해.

A. Here is a list of different parts of the day. Use the *Cheat Box* to fill in the blanks.

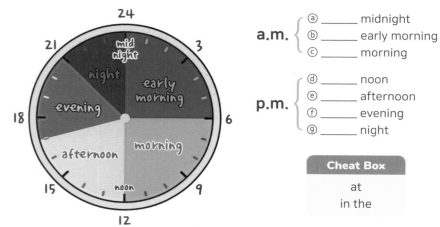

ⓐ a.m.
- ⓐ _____ midnight
- ⓑ _____ early morning
- ⓒ _____ morning

p.m.
- ⓓ _____ noon
- ⓔ _____ afternoon
- ⓕ _____ evening
- ⓖ _____ night

Cheat Box
at
in the

Gotta Remember

B. Remember what we have learned today? Complete the dialogues.

(1) A: I heard it would rain _____ evening.
   B: Again? Oh man!

(2) A: Stop calling me late _____ night.
   B: Sorry. It won't happen again.

(3) A: What're you doing _____?
   B: I have a doctor's appointment at two p.m.

(4) A: I always brush my teeth when I get up _____.
   B: Who doesn't?

C. What do you usually do? Let's talk about your daily routine.

A: What do you usually do _____?
B: _____.

A. 보통, 하루의 시점은 다음과 같이 표현합니다. Cheat Box 속 표현들로 빈칸을 채워봅시다.

a.m. (오전)
- ⓐ 정답 : <u>at</u> midnight   자정에, 한밤중에
- ⓑ 정답 : <u>in the</u> early morning   이른 아침에, 새벽에
- ⓒ 정답 : <u>in the</u> morning   아침에

p.m. (오후)
- ⓓ 정답 : <u>at</u> noon   정오에
- ⓔ 정답 : <u>in the</u> afternoon   오후에
- ⓕ 정답 : <u>in the</u> evening   저녁에
- ⓖ 정답 : <u>at</u> night   밤에

B. 오늘 학습한 내용을 바탕으로 다음 각 대화문을 완성해보세요.

(1) A: 저녁에 비 온대.   → 정답 : in the
    B: 또? 에휴...

(2) A: 밤늦게 전화 좀 그만해.   → 정답 : at
    B: 미안해. 다신 안 그럴게.

(3) A: 너 오후에 뭐 해?   → 정답 : in the afternoon
    B: 오후 2시에 병원 예약 있어.

(4) A: 난 아침에 일어나면 항상 이를 닦아.   → 정답 : in the morning
    B: 안 그러는 사람도 있어?

C. 다음 대화문은 참고용입니다. 자신의 일과에 관해 자유롭게 이야기를 나눠보세요.

A: What do you usually do <u>in the evening</u>?
B: <u>I usually spend my evening watching movies.</u>

    A: 넌 보통 저녁에 뭐 해?
    B: 보통은 영화 보면서 저녁 시간을 보내.

Check This Out

1) 일반적으로 "시간대"라고 말할 수 있을 정도로 긴 시간 앞에는 "in"을, "시점"이라고 말할 수 있을 정도로 짧은 시간 앞에는 "at"을 붙여요. 그래서 **"오전에"**, **"오후에"**, **"저녁에"**라고 말하려면 각각 "in the morning", "in the afternoon", "in the evening"이라고 표현하죠. 이런 개념에서 보면 "night"도 결코 짧은 시간대가 아니기 때문에 "night" 앞에도 "in"을 사용할 법하지만, 예외적으로 거의 항상 "at"을 사용한답니다. 참고로, "night"은 "at the night"이라고 표현하지 않고, "the" 없이 그냥 "at night"이라고 표현해요.

2) "a.m."은 라틴어 "앤티 머리디엄(ante meridiem)"의 약어로 "오전"이라는 뜻이며, "p.m."은 "포우스트 머리디엄(post meridiem)"의 약어로 "오후"라는 뜻이에요. 약어로는 알파벳 그대로 **"에이엠"**, **"피엠"**이라고 읽죠. 참고로, "오전"과 "오후"는 각각 "a.m.", "p.m."처럼 표현하는 것이 일반적이지만, **"AM"**, **"PM"**처럼 살짝 작은 대문자로 표현하기도 해요.

3) 보통, 오전을 말하는지 오후를 말하는지 뻔히 아는 상황에서는 "a.m.", "p.m." 등의 표현을 사용하지 않고 그냥 시각을 나타내는 숫자로만 표현하는 것이 일반적이에요.

How're you doing?

컨디션 어때? / 기분은 어때? / 어떻게 지내?

Gotta Know

A. Let's practice the dialogues. Replace the underlined sentences with the ones in the *Ready-to-Use Boxes*.

1. Basic greetings.

A: Good morning, James! <u>How're you?</u>
B: Hi, Peter! <u>How're you?</u>

Ready-to-Use Box
How're you doing?
How're you doing so far?

2-a. Responses. #1

A: How're you doing these days?
B: <u>(I'm) (Doing) Great.</u> How're you?
A: <u>(I'm) (Doing) Fine.</u>

Ready-to-Use Box
(I'm) (Doing) (Pretty) Good.
(I'm) (Doing) All right.

2-b. Responses. #2

A: How're you today?
B: <u>So far, so good.</u> How about you?
A: <u>Not bad.</u>

Ready-to-Use Box
Never better!
Couldn't be better.
Couldn't be worse.
Terrible.
So-so.
Not so good.

Gotta Remember

B. Remember what we have learned today? Complete the dialogue.

A: How're _____?
B: _____. You?
A: _____.

A. Ready-to-Use Box 속 표현들로 밑줄 부분을 바꿔가며 대화문들을 연습해봅시다.

1. 기본적인 인사

A: 안녕, 제임스! 어떻게 지내?
B: 안녕, 피터! 잘 지내지?

How're you doing?
 컨디션 어때? / 기분은 어때? / 어떻게 지내?

How're you doing so far?
 지금까진 어때? / 지금까진 별일 없지?

2-a. 응답 #1

A: 요즘 어떻게 지내?
B: 아주 잘 지내지. 넌 어때?
A: 나도 잘 지내.

(I'm) (Doing) (Pretty) Good.
 (꽤) 잘 지내. / (꽤) 좋아.

(I'm) (Doing) All right.
 잘 지내.

2-b. 응답 #2

A: 오늘 컨디션 어때?
B: 지금까진 아주 좋아. 넌?
A: 나쁘지 않아.

Never better!	최상이야! / 최고야!
Couldn't be better.	더할 나위 없이 좋아.
Couldn't be worse.	더 안 좋을 수 없을 정도야.
Terrible.	끔찍해. / 정말 안 좋아.
So-so.	그저 그래. / 그냥 그래.
Not so good.	그리 좋지 않아.

B. 다음 대화문은 참고용입니다. 오늘 학습한 내용을 바탕으로 자유롭게 대화를 나눠보세요.

A: How're you?
B: Not too bad. You?
A: Pretty good.

A: 어떻게 지내?
B: 그럭저럭. 넌?
A: 꽤 잘 지내.

Check This Out

1) 이번 과에서 소개된 질문들은 모두 상대방의 몸 컨디션이나 기분, 안부를 물을 때 사용되는 가장 기본적인 인사들이에요. 약간씩 어감은 다를 수 있지만, 대부분 그냥 **"컨디션 어때?"**, **"기분 어때?"**, **"어떻게 지내?"** 라는 뜻으로, 언제든 아무 표현이나 사용해도 괜찮답니다.

2) 간단히 안부를 되물으려면 다음과 같이 표현하면 돼요.
 • (And) You? / (And) Yourself?   넌?
 • How about you? / How about yourself? 넌? / 넌 어때?
 • What about you? / What about yourself? 넌? / 넌 어때?

3) **"How're you?"** 를 비롯해 추후 배우게 될 **"How's it going?"** 이나 **"What's up?"** 등 안부를 묻는 표현들은 구체적인 응답을 요구하지 않는 가벼운 인사로 사용되는 경우도 많아요. 이때는 그냥 **"안녕."** 이라는 뜻이죠. 따라서, 상대방이 **"How're you?"** 라고 인사하면 그냥 **"How're you?"** 라고 응답해도 된답니다.

005 Take it easy.
잘 가! / 또 봐!

Gotta Know

A. Let's practice the dialogues. Replace the underlined sentences with the ones in the *Ready-to-Use Boxes*.

1. Farewells you can use when parting ways.

A: I gotta go home now. <u>Take care!</u>
B: <u>(I'll) See you later!</u>

Ready-to-Use Box

Bye.
Bye-bye.
Good-bye.
So long.
Take it easy.
(I'll) Catch you later.
(I'll) Talk to you later.

2. Farewells you can use when going to bed.

A: I'm going to bed now.
B: <u>Good night.</u>
A: <u>Sleep tight.</u>

Ready-to-Use Box

Have a good night.
Have a good night's sleep.
Sleep well.
Night-night.
Sweet dreams.

Gotta Remember

B. Remember what we have learned today? Complete the dialogue.

A: I'd better go now.
B: Me, too. _____.
A: _____.

C. Rearrange the words to form sentences.

(1) you / to / soon / talk / I'll
→ _____.

(2) good / night's / a / sleep / have
→ _____.

A. Ready-to-Use Box 속 표현들로 밑줄 부분을 바꿔가며 대화문들을 연습해봅시다.

1. 헤어질 때 자주 쓰이는 인사들

A: 난 이만 집에 가봐야겠어. <u>안녕!</u>
B: <u>나중에 봐!</u>

Bye.	안녕. / 잘 가. / 잘 있어.
Bye-bye.	안녕. / 잘 가. / 잘 있어.
Good-bye.	안녕. / 잘 가. / 잘 있어.
So long.	안녕. / 잘 가. / 잘 있어.
Take it easy.	잘 가! / 또 봐!
(I'll) Catch you later.	안녕! / 또 만나!
(I'll) Talk to you later.	이따 다시 얘기해. / 이따 또 봐.

2. 잠자리에 들기 전에 나누는 인사들

A: 난 이만 자러 갈래.
B: <u>잘 자.</u>
A: <u>잘 자.</u>

Have a good night.	잘 자.
Have a good night's sleep.	잠 푹 자. / 잘 자.
Sleep well.	잘 자.
Night-night.	잘 자.
Sweet dreams.	좋은 꿈 꿔.

B. 다음 대화문은 참고용입니다. 오늘 학습한 내용을 바탕으로 자유롭게 대화를 나눠보세요.

A: I'd better go now.
B: Me, too. <u>I'll see you tomorrow.</u>
A: <u>See you.</u>

A: 난 이만 가보는 게 좋겠어.
B: 나도. 내일 봐.
A: 잘 가.

C. 단어들을 재배열하여 문장을 만들어보세요.

(1) 조만간 다시 얘기하자.   → 정답 : I'll talk to you soon.
(2) 잠 푹 자. / 잘 자.   → 정답 : Have a good night's sleep.

Check This Out

1) "Night-night. (= Nighty-night.)", "Sleep tight.", "Sweet dreams."는 연인이나 친한 이성 친구, 또는 손아랫사람(부모가 자식에게)에게 주로 사용하는 표현이에요. 이 표현들이 주는 다정다감한 의미 때문에 남자끼리 사용할 경우에는 오해를 받을 수 있으니 아무리 친한 사이일지라도 남자끼리는 사용을 삼가는 것이 좋습니다.

2) "See you."는 대화 시 "See ya."처럼 빨리 발음되기도 해요. 문자 메시지 보낼 때는 이마저도 "Cya!"로 줄여서 표현하기도 하죠.

Thank you so much.
대단히 감사합니다. / 정말 고맙습니다.

Gotta Know

A. Here are some expressions you can use when thanking someone. Use the
   Cheat Box to fill in the blanks.

(1) Thank you.

(2) Thank you very _____.
   = Thank you so _____.

(3) I can't thank you _____.

(4) I don't know _____ to thank you.

Cheat Box
how
much
enough

B. Let's practice the dialogues. Replace the underlined sentences with the
   ones in the *Ready-to-Use Box*.

(1) A: Thank you for this.
    B: <u>Not at all.</u>

(2) A: I appreciate your help.
    B: <u>My pleasure.</u>

(3) A: I can't thank you enough.
    B: <u>It's the least I could do.</u>

Ready-to-Use Box
You're welcome.
You're very welcome.
Don't mention it.

Gotta Remember

C. Remember what we have learned today? Complete the dialogue.

A: _____! I owe you one.
B: _____.

D. Rearrange the words to form sentences.

(1) to / you / know / I / thank / how / don't
   → _____.

(2) do / the / I / least / it's / could
   → _____.

A. 고마움을 표현할 때는 다음과 같이 말할 수 있습니다. Cheat Box 속 표현들로 빈칸을 채워 보세요.

(1) 감사합니다. / 고맙습니다.
(2) 대단히 감사합니다. / 정말 고맙습니다.　　　→ 정답 : 둘 다 much
(3) 뭐라 감사의 말씀을 드려야 할지 모르겠네요.　→ 정답 : enough
(4) 어떻게 감사를 드려야 할지 모르겠네요.　　　→ 정답 : how

B. Ready-to-Use Box 속 표현들로 밑줄 부분을 바꿔가며 대화문들을 연습해봅시다.

(1) A: 이거 고마워.
　　B: 천만에.

(2) A: 도와주셔서 감사해요.
　　B: 제가 좋아서 한 건데요, 뭘.

(3) A: 뭐라 감사드려야 할지 모르겠네요.
　　B: 별거 아닌데요, 뭘.

You're welcome.	천만에요.
You're very welcome.	[좀 더 강조하여] 천만에요.
Don't mention it.	별말씀을요.

C. 다음 대화문은 참고용입니다. 오늘 학습한 내용을 바탕으로 자유롭게 대화를 나눠보세요.

A: Thank you so much! I owe you one.
B: Don't mention it.

A: 정말 고마워요! 신세 졌네요.
B: 별말씀을요.

D. 단어들을 재배열하여 문장을 만들어보세요.

(1) 어떻게 감사를 드려야 할지 모르겠네요.　→ 정답 : I don't know how to thank you.
(2) 별거 아네요. / 작은 성의예요.　　　　　→ 정답 : It's the least I could do.

Check This Out

1) 재차 감사하다고 말하거나 무언가를 정중히 사양하고자 할 때는 다음과 같이 표현해요.
　• Again, thank you. / Thank you again.　　재차 감사드려요.
　• No thank you.　　고맙지만, 괜찮아요.

2) "신세 졌어."라고 말하고 싶을 땐 다음과 같이 표현하면 돼요.
　• I owe you one.　　(네게) 신세 졌어.
　• I owe you big!　　네게 큰 신세 졌어!
　• I owe you big time!　　정말 너한테 큰 신세 졌어!

3) 일반적으로 "Thank you."라고 말할 때는 "you" 부분을 짧고 약하게 발음하죠. 반면, "you" 부분을 길고 강하게 발음하면 "내가 (더) 고맙지."라는 뜻이 된답니다. 이 표현도 **"고맙다"**는 인사에 대한 대답으로 자주 사용되니 함께 알아두면 좋겠죠?

What's your nationality?

넌 국적이 어떻게 돼?

A. Let's practice the dialogue using the given information.

Information:

Switzerland
Swiss
Bern

A: What's your nationality?
B: I'm <u>Swiss</u>.
A: What's the capital of <u>Switzerland</u>?
B: It's <u>Bern</u>.

① 	② 	③ 	④ 
Italy	Brazil	Thailand	America
Italian	Brazilian	Thai	American
Rome	Brasilia	Bangkok	Washington D.C.

B. Circle the correct words.

(1) Lukas is (German / Germany).
(2) Sophie is (France / French).
(3) Ottawa is the capital of (Canada / Malaysia).
(4) Jakarta is the capital of (Colombia / Indonesia).

C. Answer the questions below.

(1) Q: What's your nationality?
   A: _____.

(2) Q: What's the capital of your country?
   A: _____.

A. 주어진 정보를 이용해 다음 대화문을 연습해봅시다.

정보: 스위스
　　　스위스 사람
　　　베른

A: 넌 국적이 어떻게 돼?
B: 난 스위스 사람이야.
A: 스위스는 수도가 어디야?
B: 베른이야.

①	②	③	④
이탈리아	브라질	태국	미국
이탈리아 사람	브라질 사람	태국 사람	미국 사람
로마	브라질리아	방콕	워싱턴 D.C.

B. 괄호 속 단어 중 각 문장에 올바른 것을 골라보세요.

(1) 루커스는 독일 사람이야. → 정답 : German
(2) 소피는 프랑스 사람이야. → 정답 : French
(3) 오타와는 캐나다의 수도야. → 정답 : Canada
(4) 자카르타는 인도네시아의 수도야. → 정답 : Indonesia

C. 다음 응답들은 참고용입니다. 각 질문에 자유롭게 응답해보세요.

(1) Q: What's your nationality
　　A: I'm Dutch.

Q: 당신은 국적이 어떻게 되나요?
A: 전 네덜란드 사람이에요.

(2) Q: What's the capital of your country?
　　A: It's Amsterdam.

Q: 당신의 나라는 수도가 어디인가요?
A: 암스테르담이에요.

Check This Out

1) 국적을 묻는 질문은 "What's ...?"로 시작하기 때문에 대답 시 "It's ..."로 대답해야 할 것 같지만, 실제로는 항상 "I'm ...", "He's ...", "She's ..."처럼 대답해요.

2) 대부분의 국적 표현들은 형용사나 명사 둘 다로 쓰일 수 있기 때문에 국적 표현 시 부정관사 "a"나 "an"을 붙이기도 하고 생략하기도 해요. 후자의 경우가 조금 더 많죠. 즉, "난 미국 사람이야."라고 말하려면 "I'm American."이라고 표현해도 되고, "I'm an American."이라고 표현해도 된답니다.

3) 특정 국가의 수도가 어디냐고 물을 때는 "어디"라는 의미 때문에 위치를 묻는 의문사 "where"을 사용할 것 같지만, 실제로 이 질문은 수도의 위치를 묻는 게 아니라 수도가 어느 도시인지를 묻는 것이라서 항상 "What's the capital of ...?"라고 물어요.

4) 미국의 정식 명칭은 "the United States of America"이지만, 회화 시에는 "the United States" 또는 "America"라고 표현하기도 하고, 약어로 "the U.S.A."나 "the U.S."라고 표현하기도 하며, 비격식적으로는 "the States"라고 표현하기도 해요.

008 Do you speak English?
너 영어 할 줄 알아?

Gotta Know

A. Let's practice the dialogues. Replace the underlined sentences with the ones in the *Ready-to-Use Box*.

(1) A: Do you speak Korean?
B: <u>(Yeah, but) Just a little (bit).</u>

(2) A: Do you know Italian?
B: <u>Not at all.</u>

(3) A: Do you know how to speak Japanese?
B: <u>Yeah, sure.</u>

(4) A: Can you speak Spanish?
B: <u>(Yeah, but) Only a little (bit).</u>

Ready-to-Use Box
Quite a bit.
I'm not too bad.
Yeah, but not fluently.
Some.
Kind of.
A little (bit).
(Yeah, but just) The basics.
Not really.
Not too well.

B. Let's try making sentences using the given phrase.

(1) Do you know how to _____?
(2) Do you know how to _____?
(3) Do you know how to _____?
(4) Do you know how to _____?

Gotta Remember

C. Remember what we have learned today? Complete the dialogues.

(1) A: Do you speak Chinese?
B: _____.

(2) A: _____ German?
B: _____, but only a little bit.

A. Ready-to-Use Box 속 표현들로 밑줄 부분을 바꿔가며 대화문들을 연습해봅시다.

(1) A: 너 한국말 할 줄 알아?
   B: <u>(응, 근데) 아주 조금밖에 못해.</u>

(2) A: 너 이탈리아어 알아?
   B: <u>전혀 못해.</u>

(3) A: 너 일본어로 말할 줄 알아?
   B: <u>그럼, 당연하지.</u>

(4) A: 너 스페인어 할 수 있어?
   B: <u>(응, 근데) 아주 조금밖에 못해.</u>

Quite a bit.	꽤 해.
I'm not too bad.	실력이 그리 나쁘진 않아.
Yeah, but not fluently.	응, 근데 유창하게는 못 해.
Some.	약간 해. / 어느 정도 해.
Kind of.	약간 해. / 어느 정도 해.
A little (bit).	조금 해. / 어느 정도 해.
(Yeah, but just) The basics.	(응, 근데) 기본적인 것만 해.
Not really.	딱히 잘 못 해. / 딱히 안 그래.
Not too well.	그리 잘하진 못해.

B. 다음 문장들은 참고용입니다. "Do you know how to ...?"를 이용해 자유롭게 문장을 만들어 봅시다.

(1) Do you know how to <u>swim</u>?　　　　너 수영할 줄 알아?
(2) Do you know how to <u>drive</u>?　　　　너 운전할 줄 알아?
(3) Do you know how to <u>play the piano</u>?　너 피아노 칠 줄 알아?
(4) Do you know how to <u>get there</u>?　　　너 거기 어떻게 가는지 알아?

C. 다음 대화문들은 참고용입니다. 오늘 학습한 내용을 바탕으로 자유롭게 대화를 나눠보세요.

(1) A: Do you speak Chinese?　　　　A: 너 중국어 할 줄 알아?
   B: <u>No, I don't.</u>　　　　　　　　B: 아니.

(2) A: <u>Do you know how to speak</u> German?　A: 너 독일어로 말할 줄 알아?
   B: <u>Yeah, I do</u>, but only a little bit.　　B: 응, 하지만 아주 조금밖에 못해.

Check This Out

1) 원래 "Do you ...?"로 시작하는 질문엔 "Yes, I do. (응.)", "No, I don't. (아니.)", "Can you ...?"로 시작하는 질문엔 "Yes, I can. (응.)", "No, I can't. (아니.)"라고 응답하는 게 기본 이에요. 하지만, 평상시 대화에서는 오늘 소개한 응답들처럼 다양하게 응답할 수 있죠.

2) "yes"와 "no"는 다음과 같이 표현하기도 해요.
   - "yes"와 같은 의미　→ yeah / yup / yep / uh-huh / mm-hmm　(= mhm)
   - "no"와 같은 의미　→ nah / nope　/ uh-uh / mm-mm　(= m-m)

009 What's this?

이건 뭐야?

Gotta Know

A. Let's practice the dialogues using the given information.

your USB drive

A: What's this?
B: It's <u>a USB drive</u>.
A: Is it yours?
B: <u>Yes, it is.</u>

someone else's backpack

A: What's that?
B: It's <u>a backpack</u>.
A: Is it yours?
B: <u>No, it isn't.</u>
 / <u>No, it's not.</u>

①

someone else's cap

②

your guitar

③

your car key

④

someone else's bike

B. Let's change the affirmative sentences to interrogative sentences.

ex) That's an expensive camera. → Is that expensive?

(1) This is a brand new laptop. → _____?
(2) That's a frozen pizza. → _____?
(3) This is a good movie. → _____?
(4) That's a popular coffee shop. → _____?
(5) This is a homemade pie. → _____?
(6) That's a refurbished TV. → _____?

Gotta Remember

C. Remember what we have learned today?
   Complete the dialogue using the given information.

A: What's _____?
B: It's _____.
A: Is _____?
B: _____.

①

expensive Bluetooth speaker

②

waterproof watch

A. 주어진 정보를 이용해 다음 대화문들을 연습해봅시다.

(가까이 있는) 당신의 USB 메모리	A: 이건 뭐야? B: USB 메모리야. A: 네 거야? B: 응.	(가까이 있지 않은) 다른 사람의 백팩	A: 저건 뭐야? B: 백팩이야. A: 네 거야? B: 아니.

① (가까이 있는) 다른 사람의 야구모자	② (가까이 있지 않은) 당신의 기타	③ (가까이 있는) 당신의 자동차 열쇠	④ (가까이 있지 않은) 다른 사람의 오토바이

B. 주어진 문장들을 짧은 의문문으로 바꿔봅시다.

ex) 저건 비싼 카메라야.　　　→ 저거 비싸?

(1) 이건 신형 노트북이야.	→ 정답 : Is this brand new?	이거 신형이야?
(2) 저건 냉동 피자야.	→ 정답 : Is that frozen?	저거 냉동이야?
(3) 이건 재밌는 영화야.	→ 정답 : Is this good?	이거 재밌어?
(4) 저긴 인기 있는 커피숍이야.	→ 정답 : Is that popular?	저기 인기 있어?
(5) 이건 집에서 만든 파이야.	→ 정답 : Is this homemade?	이거 집에서 만든 거야?
(6) 저건 리퍼 티비야.	→ 정답 : Is that refurbished?	저거 리퍼 제품이야?

C. 다음 대화문들은 참고용입니다. 주어진 정보를 이용해 자유롭게 대화를 나눠보세요.

① (가까이 있지 않은) 비싼 블루투스 스피커	A: What's that? B: It's a Bluetooth speaker. A: Is it cheap? B: No, it isn't.	A: 저건 뭐야? B: 블루투스 스피커야. A: 싼 거야? B: 아니.
② (가까이 있는) 방수되는 손목시계	A: What's this? B: It's a watch. A: Is it waterproof? B: Yes, it is.	A: 이건 뭐야? B: 손목시계야. A: 방수돼? B: 응.

Check This Out

1) 오늘은 "What's this?"라고 묻든 "What's that?"라고 묻든 모두 "It's ..."라고 응답하는 것으로 배웠지만, 반드시 그런 것은 아니에요. 대상이 응답하는 사람에게 가까이 있는지 아닌지에 따라서 "This is ..." 또는 "That's ..."라고 응답할 수도 있답니다. 예를 들어, 어떤 대상이 묻는 사람에게서는 가까이 있지만 응답하는 사람에게서는 가까이 있지 않은 경우, 묻는 사람은 "What's this?"라고 묻겠지만, 응답하는 사람은 "It's ..." 또는 "That's ..."라고 응답한답니다.

2) "that"과 "is"은 "that's"처럼 축약되지만, "this"와 "is"은 축약되지 않아요. 그 이유는 "This is(디시즈)"와 "This's(디스스)" 중 어느 발음이 더 편한지 발음해보면 알 거예요.

010 Come again?
뭐라고?

Gotta Know

A. Let's practice the dialogues. Replace the underlined sentences with the ones in the *Ready-to-Use Boxes*.

1. Asking someone to repeat what they have just said.

   Ready-to-Use Box

   What's that?
   What did you say?
   What did you just say?
   Say again?
   Say that again?
   Say what?

   a) Informal expressions.

      (1) A: Can I borrow your car?
          B: <u>What was that?</u>

      (2) A: Are you free for dinner tonight?
          B: <u>Come again?</u>

   b) Formal expressions.

      A: Is this yours?
      B: <u>Excuse me?</u>

   Ready-to-Use Box

   Pardon me?
   I beg your pardon?
   I'm sorry?

2. Saying "Excuse me."

   A: <u>Excuse me.</u> Are you done reading that paper?
   B: Yes. Help yourself.

   Ready-to-Use Box

   Pardon me.
   I beg your pardon.

Gotta Remember

B. Remember what we have learned today? Complete the dialogue.

   A: _____
   B: I asked if you wanted to go out with me tonight.

A. Ready-to-Use Box 속 표현들로 밑줄 부분을 바꿔가며 대화문들을 연습해봅시다.

1. **"뭐라고?"라고 말하기**

    a) 비격식적인 표현

      (1) A: 네 차 좀 빌려도 돼?

          B: <u>뭐라고?</u>

      (2) A: 너 오늘 저녁에
               저녁 먹을 시간 돼?

          B: <u>뭐라고?</u>

What's that?	뭐라고? / 그게 뭔 소리야?
What did you say?	뭐라고? / 뭐라고 했어?
What did you just say?	방금 뭐라고? / 방금 뭐랬어?
Say again?	뭐라고? / 잠시만, (그게) 뭔 말이야?
Say that again?	뭐라고? / 잠시만, 그게 뭔 말이야?
Say what?	뭐라고? / 뭔 말이야? / 뭐라 한 거야?

    b) 격식적인 표현

      A: 이거 네 거야?

      B: <u>뭐라고?</u>

Pardon me? = I beg your pardon? = I'm sorry?
뭐라고(요)? / 그게 무슨 말이에요?

2. **"실례합니다."라고 말하기**

    A: <u>실례지만,</u> 그 신문 다 보신 건가요?

    B: 네. 가져가세요.

Pardon me. = I beg your pardon.
실례합니다.

B. 다음 대화문은 참고용입니다. 오늘 학습한 내용을 바탕으로 자유롭게 대화를 나눠보세요.

    A: <u>I'm sorry?</u>

    B: I asked if you wanted to go out with me tonight.

      A: 뭐라고?

      B: 오늘 밤에 나랑 데이트할 거냐고.

Check This Out

1) 앞서 **"저건 뭐야?"**라는 뜻으로 배웠던 **"What's that?"**은 누군가의 말을 제대로 못 들었거나, 그 사람의 말이 이해가 안 되거나, 혹은 확신이 가지 않거나 믿지 않을 때 **"뭐라고?"**라는 뜻으로 사용되기도 해요. 이번 과에서는 이와 관련해서 자주 쓰이는 표현들을 소개하고 있습니다.

2) **"뭐라고?"**라고 물을 땐 간단히 **"What?"**, **"Sorry?"**, **"Huh?"**라고 표현하기도 해요.

3) **"Excuse me."**처럼 말끝을 내리면 **"실례합니다."** 또는 **"미안해요."**라는 뜻이 되고, **"Excuse me?"**처럼 말끝을 올리면 **"뭐라고요?"**라는 질문이 되는데, **"Pardon."**, **"Pardon me."**, **"I beg your pardon."**도 마찬가지랍니다. 단, **"pardon"**이 포함된 표현들은 사용 빈도가 매우 낮고, 그나마 **"뭐라고요?"**라는 의미로는 간혹 사용되어도 나머지 의미로는 거의 사용되지 않으므로 그냥 **"이런 표현들도 있다"** 정도로만 이해하고 넘어가도 좋습니다.

Gotta Know

A. Let's practice the dialogues using the given information.

A: What're these?
B: They're figurines.
A: Are they yours?
B: Yes, they are.

your figurines

someone else's
hamsters

A: What're those?
B: They're hamsters.
A: Are they yours?
B: No, they aren't.
/ No, they're not.

①
your
thumb drives

②
your rabbits

③
someone else's
coins

④
someone else's
comic books

B. Let's change the affirmative sentences to interrogative sentences.

ex) Those are real flowers. → Are those real?

(1) These are free samples. → _____ ?
(2) Those are sugar-free drinks. → _____ ?
(3) These are common symptoms. → _____ ?
(4) Those are airtight containers. → _____ ?
(5) These are disposable cups. → _____ ?
(6) Those are rechargeable batteries. → _____ ?

Gotta Remember

C. Remember what we have learned today?
Complete the dialogue using the given information.

A: What're _____?
B: They're _____.
A: Are _____?
B: _____.

①
reusable
plastic bottles

②
not windproof
jackets

A. 주어진 정보를 이용해 다음 대화문들을 연습해봅시다.

(가까이 있는) 당신의 피규어들	A: 이것들은 뭐야? B: 피규어야. A: 네 거야? B: 응.	(가까이 있지 않은) 다른 사람의 햄스터들	A: 저것들은 뭐야? B: 햄스터야. A: 네 거야? B: 아니.

① (가까이 있는) 당신의 USB 메모리들	② (가까이 있지 않은) 당신의 토끼들	③ (가까이 있는) 다른 사람의 동전들	④ (가까이 있지 않은) 다른 사람의 만화책들

B. 주어진 문장들을 짧은 의문문으로 바꿔봅시다.

ex) 저것들은 생화야. → 저것들은 진짜야?

(1) 이것들은 무료 샘플이야. → 정답 : Are these free? 이것들은 공짜야?
(2) 저것들은 무설탕 음료야. → 정답 : Are those sugar-free? 저것들은 무설탕이야?
(3) 이것들은 흔한 증상이야. → 정답 : Are these common? 이것들은 일반적이야?
(4) 저것들은 밀폐 용기야. → 정답 : Are those airtight? 저것들은 공기 안 통해?
(5) 이것들은 일회용 컵이야. → 정답 : Are these disposable? 이것들은 일회용이야?
(6) 저것들은 충전지야. → 정답 : Are those rechargeable? 저것들은 충전 가능해?

C. 다음 대화문들은 참고용입니다. 주어진 정보를 이용해 자유롭게 대화를 나눠보세요.

①	(가까이 있는) 재사용 가능한 플라스틱 병들	A: What're these? B: They're plastic bottles. A: Are they reusable? B: Yes, they are.	A: 이것들은 뭐야? B: 플라스틱 병이야. A: 씻어서 또 쓸 수 있는 거야? (재사용 가능한 거야?) B: 응.
②	(가까이 있지 않은) 일반 재킷들 (방풍 재킷 아님)	A: What're those? B: They're jackets. A: Are they windproof? B: No, they're not.	A: 저것들은 뭐야? B: 재킷이야. A: 바람막이용이야? B: 아니.

Check This Out

1) 앞서 배운 "this"와 "that"은 "하나의 대상"을 가리키기 위한 대명사예요. 반면, 가까이 있는 여러 대상이나 멀리 있는 여러 대상을 말할 때는 이들의 복수형인 "these(이것들)"와 "those(저것들)"를 사용해야 한답니다.

2) "What're these?"와 "What're those?"에 응답할 때도 무조건 "They're ..."라고 응답해야 하는 게 아니라 "What's this?"와 "What's that?"에 응답할 때와 마찬가지로 대상이 응답하는 사람에게 가까이 있는지 아닌지에 따라 "These are ..." 또는 "Those are ..."라고 응답할 수 있어요.

Gotta Know

A. Let's practice the dialogues using the given information.

A: What's <u>your nickname</u>? B: It's <u>Mr. Sleepy Head</u>.	A: What're <u>your interests</u>? B: They're <u>fashion, music and art</u>.

①	②
your lucky number **three**	your children's names **Jaden and Martin**
③	④
your favorite baseball team **the L.A. Dodgers**	your least favorite pets **cats and hamsters**

B. Let's change the affirmative sentences to interrogative sentences.

ex1) Her hair is red.　　　　　→ Is it red?
ex2) His eyes are dark brown.　→ Are they dark brown?

(1) Your answer is correct.　　　　→ _____ ?
(2) His jokes are funny.　　　　　→ _____ ?
(3) This movie is worth watching.　→ _____ ?
(4) These sneakers are on sale.　　→ _____ ?
(5) Her car is in the shop.　　　　→ _____ ?
(6) Those gifts are for you.　　　　→ _____ for me?

Gotta Remember

C. Answer the questions below.

(1) Q: What's your favorite TV show?
　　A: _____ .

(2) Q: What're your interests?
　　A: _____ .

A. 주어진 정보를 이용해 다음 대화문들을 연습해봅시다.

A: 넌 별명이 뭐야?	A: 넌 관심사가 뭐야?
B: "미스터 잠꾸러기"야.	B: 패션, 음악, 그리고 미술이야.

①	당신의 행운의 숫자 3	②	당신의 자녀들의 이름 제이든과 마틴
③	당신이 제일 좋아하는 야구팀 LA 다저스	④	당신이 제일 싫어하는 애완동물 고양이와 햄스터

B. 주어진 문장들을 의문문으로 바꿔봅시다.

ex1) 걔 머리는 빨간색이야. → (그거) 빨간색이야?
ex2) 걔 눈은 암갈색이야. → (그것들은) 암갈색이야?

(1) 네 답은 맞아. → 정답 : Is it correct? (그거) 맞아?
(2) 걔 농담은 재밌어. → 정답 : Are they funny? (그것들은) 재밌어?
(3) 이 영화는 볼 가치가 있어. → 정답 : Is it worth watching? (그거) 볼 가치 있어?
(4) 이 스니커즈는 할인 중이야. → 정답 : Are they on sale? (그것들은) 할인 중이야?
(5) 걔 차는 정비소에 있어. → 정답 : Is it in the shop? (그거) 정비소에 있어?
(6) 저 선물들은 너를 위한 거야. → 정답 : Are they for me? (그것들은) 날 위한 거야?

C. 다음 응답들은 참고용입니다. 각 질문에 응답해보세요.

(1) Q: What's your favorite TV show? Q: 당신이 가장 좋아하는 TV 프로는 뭔가요?
   A: <u>It's the Big Bang Theory.</u> A: "빅뱅이론"이에요.

(2) Q: What're your interests? Q: 당신의 관심사는 무엇인가요?
   A: <u>They're music and travel.</u> A: 음악이랑 여행이에요.

Check This Out

1) "that"을 무조건 우리말로 "저것"이라고 생각하면 안 돼요. "that"은 가까이 있지 않은 대상을 가리키는 표현이라서 상황에 따라 "그것"이라는 의미로 쓰이기도 합니다. 그럼 "it(그것)"과 뭐가 다르냐고요? "네 방 번호 뭐야?"라고 물으면 굳이 "그건 207호야."라고 답하기보다 그냥 "207호야."라고 답하죠? 이렇게 우리말로 표현할 때 주로 생략되는 주어들이 "it"에 해당한다고 생각하면 돼요. 즉, 굳이 말하지 않아도 아는 대상은 "it"이라고 표현하죠. 이러한 이유로 위 번역에도 "그거"를 괄호 속에 표현한 것이랍니다. 반면, "that"은 "저것" 또는 "그것"이라는 의미로 꼭 밝혀주고 싶은 주어에 사용해요. "it"과 마찬가지로, 굳이 말하지 않아도 아는 "복수" 대상을 주어로 표현할 땐 "they"를 이용해요.

2) "Is it …?" 또는 "Are they …?"로 시작하는 질문에는 다음과 같이 응답해요.

   - "Is it …?" → Yes, it is. (응.) / No, it isn't. 또는 No, it's not. (아니.)
   - "Are they …?" → Yes, they are. (응.) / No, they aren't. 또는 No, they're not. (아니.)

Do you like peaches?
너 복숭아 좋아해?

Gotta Know

A. Let's practice the dialogues using the given information.

| A: Do you like <u>peaches</u>? | A: Do you like <u>bananas</u>? |
| B: Yeah, but I like <u>apples</u> better. | B: Not really. I like <u>oranges</u>, though. |

①  grapes
② strawberries
③ plums
④ potatoes

 watermelons
 cherries
 kiwis
 tomatoes

B. Let's complete the sentences using the plural forms of the given words.

Words ending in **s, x, ch** or **sh** → Add -**es** at the end.	(1) **glass** → Have you seen my _____?
	(2) **box** → Can you help me with these _____?
Words ending in a consonant + **y** → Change **y** to **ies**.	(3) **baby** → Look at those _____.
Words ending in **f** or **fe** → Change **f** or **fe** to **ves**.	(4) **knife** → Don't mess around with _____!
Words ending in **o** → Add -**es** at the end.	(5) **hero** → They're the unsung _____.
Everything else → Add -**s** at the end.	(6) **dog** → I have two _____.

Gotta Remember

C. Remember what we have learned today? Complete the dialogue.

A: Do you like _____?
B: _____. Do you?
A: _____.

A. 주어진 정보를 이용해 다음 대화문들을 연습해봅시다.

A: 너 복숭아 좋아해?	A: 너 바나나 좋아해?
B: 응. 하지만 난 사과가 더 좋아.	B: 딱히. 근데 오렌지는 좋더라.

① 포도 / 수박	② 딸기 / 체리	③ 자두 / 키위	④ 감자 / 토마토

B. 주어진 단어들의 복수형을 이용해 다음 각 문장들을 완성해봅시다.

끝이 "s", "x", "ch", "sh"로 끝나는 단어들 → 끝에 "-es"를 붙임	(1) → 정답 : glasses 　　　너 내 안경 봤어? (2) → 정답 : boxes 　　　나 이 상자들 나르는 것 좀 도와줄래?
끝이 "자음 + y"로 끝나는 단어들 → "y"를 "ies"로 바꿈	(3) → 정답 : babies 　　　저 아기들 좀 봐.
끝이 "f"나 "fe"로 끝나는 단어들 → "f"나 "fe"를 "ves"로 바꿈	(4) → 정답 : knives 　　　칼 가지고 장난치지 마.
끝이 "o"로 끝나는 단어들 → 끝에 "-es"를 붙임	(5) → 정답 : heroes 　　　그들은 바로 이름 없는 영웅들이야.
그 외 모든 단어들 → 끝에 "-s"를 붙임	(6) → 정답 : dogs 　　　난 개 두 마리 있어.

C. 다음 대화문은 참고용입니다. 오늘 학습한 내용을 바탕으로 자유롭게 대화를 나눠보세요.

A: Do you like grapes?   A: 너 포도 좋아해?
B: I like them. Do you?   B: 좋아해. 너도 좋아해?
A: Yeah, but I like melons better.   A: 응, 하지만 난 멜론이 더 좋아.

Check This Out

1) 자신이 평소 좋아하는 일반적인 것에 관해 말할 때는 복수 명사로 표현하는 경우가 많아요.

2) "단수(singular)"는 대상이 "하나"임을 뜻해요. 반대로, 하나보다 많은 것은 "복수(plural)"라고 하죠. 대부분의 단수 명사들은 복수로 바뀔 때 그 단어의 끝부분이 어떤 글자로 끝나는가에 따라 끝에 "-s"나 "-es"를 붙이는데, 이렇게 규칙적으로 변하는 것들을 "규칙 복수(regular plurals)"라고 하고, 그렇지 않은 것들은 "불규칙 복수(irregular plurals)"라고 해요. 불규칙 복수들은 규칙 복수들에 비해 그 수가 아주 적기 때문에 자주 쓰이는 단어들만 기억해두면 된답니다. 참고로, "복수"라는 것은 "셀 수 있다"는 것을 전제로 하기 때문에 셀 수 없는 명사들은 복수형으로 사용되지 않아요.

Gotta Know

A. Let's practice the dialogues using the given information.

Logan
your co-worker

A: Who's this?
B: This is <u>Logan</u>.
A: Is <u>he</u> your <u>co-worker</u>?
B: <u>Yes, he is.</u>

①

Mrs. Jones
your boss

Nicole
your ex-roommate

A: Who's that?
B: That is <u>Nicole</u>.
A: Is <u>she</u> your <u>roommate</u>?
B: <u>No, she's not.</u>
  / <u>No, she isn't.</u>

②

Kyle
your ex-husband

Mr. and Mrs. Brown
your neighbors

A: Who're these people?
B: They're <u>Mr. and Mrs. Brown</u>.
A: Are <u>they</u> your <u>neighbors</u>?
B: <u>Yes, they are.</u>

③

Jamie and Sydney
your cousins

John and Jake
your nephews

A: Who're those kids?
B: They're <u>John and Jake</u>.
A: Are <u>they</u> your <u>children</u>?
B: <u>No, they're not.</u>
  / <u>No, they aren't.</u>

④

Bella and Ally
your nieces

Gotta Remember

B. Replace the underlined parts using the given information.

A: Who <u>is this</u>?
B: <u>This is Charles.</u>
  <u>He's a friend of mine.</u>

①

Mr. and Mrs. Morrison
your parents-in-law

②

Emma
a friend of Amy's

A. 주어진 정보를 이용해 다음 대화문들을 연습해봅시다.

로건 당신의 동료	A: 이 사람은 누구야? B: 이 사람은 로건이야. A: 네 동료야? B: 응.	→	① 존스 씨 당신의 사장/상사
니콜 당신의 전 룸메이트	A: 저 사람은 누구야? B: 쟨 니콜이야. A: 네 룸메이트야? B: 아니.	→	② 카일 당신의 전남편
브라운 씨 부부 당신의 이웃	A: 이 사람들은 누구야? B: 브라운 씨 부부야. A: 네 이웃이야? B: 응.	→	③ 제이미와 시드니 당신의 사촌들
존과 제이크 당신의 (남)조카들	A: 저 애들은 누구야? B: 쟤넨 존과 제이크야. A: 네 아이들이야? B: 아니.	→	④ 벨라와 앨리 당신의 (여)조카들

B. 주어진 정보를 이용해 밑줄 부분을 바꿔가며 대화문을 연습해보세요.

A: 앤 누구야?
B: 앤 찰스야. 내 친구 중 하나지.

① 모리슨 씨 부부 당신의 장인, 장모님 / 시부모님	② 엠마 에이미의 친구 중 하나

Check This Out

1) "this(이것)", "that(저것)", "these(이것들)", "those(저것들)"는 "이 사람(들)", "저 사람(들)"처럼 사람을 가리킬 때도 사용해요. "this"와 "these"는 자신과 가까이 있는 사람을, "that"과 "those"는 자신과 좀 떨어져 있는 사람을 가리킬 때 사용되겠죠? 따라서 가까이, 혹은 조금 떨어져 있는 사람이 누구인지 물을 때는 사람을 묻는 의문사 "who"를 이용해 "Who's this/that?", "Who're these/those?"라고 물으면 된답니다. 단, 여러 대상을 물을 때는 "Who're these/those?"라고만 표현하면 어색하게 느껴지기 때문에 실제 대화에서는 "Who're these people?", "Who're those kids?"처럼 뒤에 구체적인 복수 명사를 함께 표현해주는 것이 일반적이에요. 이러한 질문에 답할 때는 각각 "This is …", "That's …", "These're …", "Those're …"이라고 표현할 수도 있고, 그냥 단수/복수에 따라 "It's …" 또는 "They're …"이라고 표현하기도 해요.

2) "Who is this?"는 전화 통화 시 상대방에게 "누구세요?"라고 물을 때도 사용할 수 있어요. 참고로, 누군가 문밖에서 노크할 때 "누구세요?"라고 물으려면 "Who is this?"가 아니라 "Who is it?"이라고 표현해야 한답니다.

015 I'm here to see Mrs. Warner.

워너 씨 좀 뵈러 왔습니다.

A. Determine how to address each person based on the given information and complete the dialogue.

Helen Wilson
married

John Peterson
single

A: Good morning, <u>Mrs. Wilson</u>.
B: Good morning, <u>John</u>.

①

Andrew Miller
married

Rebecca Mendez
single

②

Corinne Logan
married

James Benjamin
single

Gotta Remember

B. Remember what we have learned today? Complete the dialogues.

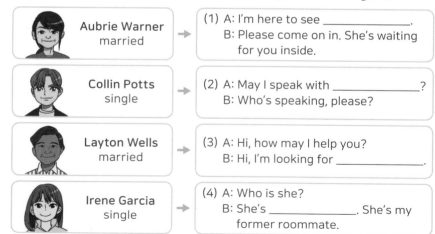

Aubrie Warner
married

→

(1) A: I'm here to see _____.
B: Please come on in. She's waiting
for you inside.

Collin Potts
single

→

(2) A: May I speak with _____?
B: Who's speaking, please?

Layton Wells
married

→

(3) A: Hi, how may I help you?
B: Hi, I'm looking for _____.

Irene Garcia
single

→

(4) A: Who is she?
B: She's _____. She's my
former roommate.

A. 적절한 호칭을 사용해 인사를 나눠봅시다.

헬런 윌슨 (기혼)	존 피터슨 (미혼)	A: 좋은 아침이네요, 윌슨 아줌마. B: 안녕, 존.

① 앤드루 밀러 (기혼) / 레베카 멘데스 (미혼) | ② 코린 로건 (기혼) / 제임스 벤저민 (미혼)

B. 오늘 학습한 내용을 바탕으로 다음 각 대화문을 완성해보세요.

(1) 오브리 워너 (기혼)	A: I'm here to see Aubrie / Mrs. Warner / Ms. Warner. B: Please come on in. She's waiting for you inside. 　A: 오브리 좀 만나러 왔는데요. / 워너 씨 좀 뵈러 왔는데요. 　B: 어서 들어와요. 안에서 기다리고 있어요.
(2) 콜린 파츠 (미혼)	A: May I speak with Collin / Mr. Potts? B: Who's speaking, please? 　A: 콜린 좀 바꿔주시겠어요? / 파츠 씨 좀 바꿔주시겠어요? 　B: 전화 거신 분은 누구시죠?
(3) 레이튼 웰스 (기혼)	A: Hi, how may I help you? B: Hi, I'm looking for Layton / Mr. Wells. 　A: 안녕하세요, 어떻게 도와드릴까요? 　B: 안녕하세요, 레이튼을 찾고 있는데요. / 웰스 씨를 찾고 있는데요.
(4) 아이린 가르시아 (미혼)	A: Who is she? B: She's Irene / Miss Garcia / Ms. Garcia. She's my former roommate. 　A: 그녀는 누구야? 　B: 아이린이야. 내 예전 룸메이트지. 　　/ 가르시아 양이야. 내 예전 룸메이트지.

Check This Out

1) 사람을 존대하기 위해 사용하는 가장 일반적인 호칭에는 "Mr.", "Mrs.", "Miss", "Ms."가 있어요. "Mr."는 "mister"의 줄임말로, 결혼 여부와 관계없이 모든 남성에게 사용할 수 있죠. "Ms." 역시 모든 여성에게 사용할 수 있어서 많은 이들이 선호하지만, 실제로 대화 시 이를 이용하는 사람들은 많지 않답니다. 여성은 결혼 여부를 모를 때가 아니라면 "Mrs."와 "Miss"로 구분하여 부르는 사람들이 더 많아요. "Mrs."는 "mistress"의 줄임말로, 기혼 여성에게만 사용할 수 있으며, 반대로 "Miss"는 미혼 여성에게만 사용하는 호칭이죠.

2) "Miss"는 줄임말이 아니기 때문에 끝에 마침표를 붙이지 않아요.

3) 영어를 배우는 학생 중에는 선생님을 "Teacher Kim"처럼 부르거나 그냥 "Teacher"라고 부르는 경우가 많은데, 이는 선생님보다 나이가 까마득하게 어린 아이들이 어쩌다 한 번 사용할 법한 아주 어색한 표현이랍니다. 선생님을 부를 때는 위에서 소개한 호칭을 사용하거나, 이미 성년이 된 학생들은 선생님을 그냥 이름으로 부르는 경우가 많죠.

Do you have a car?
너 차 있어?

A. Let's practice the dialogues using the given information.

you / two children

A: <u>Do you</u> have <u>children</u>?
B: <u>Yes, I do.</u> <u>I have two children.</u>

Tucker / no money

A: <u>Does he</u> have <u>money</u>?
B: <u>No, he doesn't.</u> <u>He has no money.</u>

①

you
three pets

②

Kyle
no friends

③

Sofia
a sister

④

Lydia and Justin
no tickets

B. Answer the questions below.

(1) Q: Do you have a car?
   A: _____.

(2) Q: Do you have siblings?
   A: _____.

(3) Q: Do you have any pets?
   A: _____.

A. 주어진 정보를 이용해 다음 대화문들을 연습해봅시다.

당신 / 자녀 두 명	터커 / 돈 없음
A: 너 자녀 있어? B: 응. 자녀 둘 있어.	A: 걔 돈 있어? B: 아니. 걘 돈 없어.

① 당신 애완동물 세 마리	② 카일 친구 없음	③ 소피아 자매 한 명	④ 리디아와 저스틴 표 없음

B. 다음 응답들은 참고용입니다. 각 질문에 자유롭게 응답해보세요.

(1) Q: Do you have a car?
   A: No, I don't. I use my mom's.

Q: 당신은 차가 있나요?
A: 아뇨. 전 엄마 차 타고 다녀요.

(2) Q: Do you have siblings?
   A: Yes, I have three younger sisters.

Q: 당신에겐 형제나 자매가 있나요?
A: 네, 여동생이 셋 있어요.

(3) Q: Do you have any pets?
   A: Yes, I do. I have two dogs.

Q: 당신은 애완동물을 기르나요?
A: 네, 개 두 마리 있어요.

Check This Out

1) be동사와는 달리 주로 "**행위**"와 관계된 동사들은 "**일반동사**"라고 해요. "**have**"는 "**가지고 있다**"라는 뜻의 대표적인 일반동사인데, 현재 시제에서 주어가 "3인칭 단수", 즉 '나(I)'나 '너(you)'가 아닌 제삼의 '한(single)' 대상일 때는 "**have**" 대신 "**has**"를 사용하죠. 이처럼 모든 일반동사들은 주어가 3인칭 단수일 때 끝에 "**(e)s**"가 붙거나 형태가 달라집니다.

2) "**have**"는 우리말로 옮길 때 "**~이 있다**"라고 해석하는 게 더 매끄러워요.

3) 일반동사가 사용된 문장들을 부정문으로 바꾸려면 일반동사 앞에 "**don't**"를 더해주면 돼요. 주어가 3인칭 단수인 경우에는 "**don't**" 대신 "**doesn't**"를 사용하고 일반동사는 원형으로 바꿔주면 되죠. 아니면, 그냥 간단히 "... have no ..." 또는 "... has no ..."처럼 "**no**"를 사용하기도 한답니다.

4) 일반동사가 사용된 문장들은 의문문으로 바뀔 때 문장 맨 앞에 "**do**"를 내세우는데, 주어가 3인칭 단수일 때는 "**do**" 대신 "**does**"를 사용하고 일반동사는 원래 형태로 돌아오게 돼요.

5) 일반동사가 사용된 의문문은 대답 시에도 다음과 같이 "**do**"와 "**does**"를 사용해요.
   ex1) "**Do you ...?**" → Yes, I do. (응.) / No, I don't. (아니.)
   ex2) "**Does he ...?**" → Yes, he does. (응.) / No, he doesn't. (아니.)

017 Do I have to take you home?

내가 너 집에 바래다줘야 해?

Gotta Know

A. Let's practice the dialogues using the given information.

I take Cindy home	A: <u>Do I</u> have to <u>take Cindy home</u> tonight? B: No, <u>you don't</u>. / No, <u>you don't have to</u>.	→	① you be there
he stop smoking	A: <u>Does he</u> have to <u>stop smoking</u>? B: Yes, <u>he does</u>. / Yes, <u>he has to</u>. / Yes, <u>he does have to</u>.	→	② she get up early
they work	A: <u>Do they</u> have to <u>work</u> tomorrow? B: No, <u>they don't</u>. / No, <u>they don't have to</u>.	→	③ we meet him
you walk home	A: <u>Did you</u> have to <u>walk home</u> yesterday? B: Yes, <u>I did</u>. / Yes, <u>I had to</u>. / Yes, <u>I did have to</u>.	→	④ I apologize first

B. Let's change the affirmative sentences to interrogative sentences.

ex) He has to pick her up.　　　　　→ Does he have to pick her up?

(1) You have to transfer to another bus. → ___I_____?

(2) I had to wait long.　　　　　　→ ___you_____?

(3) She has to trust him.　　　　　→ _____?

(4) We have to be there by seven.　→ _____?

Gotta Remember

C. Answer the questions below.

(1) Q: What're you planning to do today?
    A: I have to _____.

(2) Q: Do you have to go to work (or school) tomorrow?
    A: _____.

52　　Do I have to take you home?

A. 주어진 정보를 이용해 다음 대화문들을 연습해봅시다.

나 신디를 집에 데려다주다	A: 내가 오늘 밤에 신디를 집에 데려다줘야 해? B: 아니. / 아니, 안 그래도 돼.	→	①　　너 거기 가다
그 담배를 끊다	A: 걔 담배 끊어야 해? B: 응. / 응, 그래야 해.	→	②　그녀 일찍 일어나다
그들 일하다	A: 걔네 내일 일하러 가야 해? B: 아니. / 아니, 안 가도 돼.	→	③　우리 그를 만나다
너 집까지 걸어가다	A: 너 어제 집에 걸어와야 했어? B: 응. / 응, 그래야 했어.	→	④　　나 먼저 사과하다

B. 주어진 문장들을 의문문으로 바꿔봅시다.

ex) 걔가 그녀를 픽업해야 해.　　→ 걔가 그녀를 픽업해야 해?

(1) 넌 다른 버스로 환승해야 해.　　→ 정답 : Do I have to transfer to another bus?
　　　　　　　　　　　　　　　　　　　　나 다른 버스로 환승해야 해?

(2) 난 오래 기다려야 했어.　　　　→ 정답 : Did you have to wait long?
　　　　　　　　　　　　　　　　　　　　너 오래 기다려야 했어?

(3) 걘 그를 믿어야 해.　　　　　　→ 정답 : Does she have to trust him?
　　　　　　　　　　　　　　　　　　　　걔가 그를 믿어야 해?

(4) 우린 7시까지 거기 가야 해.　　→ 정답 : Do we have to be there by seven?
　　　　　　　　　　　　　　　　　　　　우리 7시까지 거기 가야 해?

C. 다음 응답들은 참고용입니다. 각 질문에 자유롭게 응답해보세요.

(1) Q: What're you planning to do today?
　　A: I have to help my friend move.

Q: 당신은 오늘 무엇을 할 계획인가요?
A: 친구 이사하는 거 도와야 해요.

(2) Q: Do you have to go to work (or school)
　　　tomorrow?
　　A: No, I don't have to. Tomorrow is my
　　　day off.

Q: 당신은 내일 일하러(/학교에 공부
하러) 가야 하나요?
A: 아뇨, 안 가도 돼요. 내일은 쉬는
날이에요.

Check This Out

1) "have" 뒤에 "to"가 붙으면 "~해야 하다"라는 완전히 다른 의미가 돼버려요. 일반동사일
　때와 마찬가지로 현재 시제에서 주어가 3인칭 단수일 때는 "has to"라고 표현하며, 과거
　시제에서는 "had to"라고 표현한답니다.

2) "have to"가 포함된 의문문에 답할 때는 일반동사 "have"가 포함된 의문문에 답할 때와
　같이 표현하면 돼요. 단, "의무"의 의미를 강조해서 응답하고 싶을 때는 "Yes, you have
　to.", "No, you don't have to."처럼 "have to"를 써서 표현하기도 하죠.

018

You must like it a lot.
너 (그거) 엄청 좋아하나 보네.

Gotta Know

A. Let's complete the following sentences using either *must* or *must not*.

must

must not

(1) You _____ tell anyone.

(2) I _____ complete the project on time.

(3) You _____ let me down again.

(4) You _____ be angry with her anymore.

(5) You _____ wake up early.

(6) That _____ be really annoying.

(7) She _____ smoke at her age.

(8) You _____ like this at all.

Gotta Remember

B. Identify all the dialogues where *must* is used for obligation.

(1) A: I'm sure you did well on your exam.
    B: I <u>must</u> pass it this time.

(2) A: You're eating it again? You <u>must</u> like it a lot.
    B: Yeah, big time.

(3) A: Look at that rock.
    B: I know. That ring <u>must</u> be very expensive.

(4) A: Hey, you <u>must</u> eat your vegetables.
    B: I don't want to. I just don't like them.

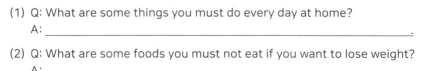

C. Answer the questions below.

(1) Q: What are some things you must do every day at home?
    A: _____ .

(2) Q: What are some foods you must not eat if you want to lose weight?
    A: _____ .

A. "must"와 "must not" 중 알맞은 것으로 다음 각 문장을 완성해봅시다.

must	must not
~해야 하다	~해서는 안 되다
~임에 틀림없다, 분명 ~일 것이다	~가 아님에 틀림없다, 분명 ~가 아닐 것이다

(1) → 정답 : must not
   넌 아무에게도 말하면 안 돼.

(2) → 정답 : must
   난 그 프로젝트를 제때 완료해야 해.

(3) → 정답 : must not
   (너) 또다시 날 실망시키면 안 돼.

(4) → 정답 : must not
   (너) 이제 걔한테 화난 거 풀어.

(5) → 정답 : must
   넌 일찍 일어나야 해.

(6) → 정답 : must
   그거 정말 짜증 나겠다.

(7) → 정답 : must not
   걘 그 나이에 담배 피우면 안 돼.

(8) → 정답 : must not
   넌 이게 하나도 마음에 안 드는 모양이네.

B. 다음 중 "must"가 "의무(obligation)"의 의미로 사용된 대화문을 모두 고르세요.

(1) A: 넌 분명 시험 잘 봤을 거야.
   B: 이번엔 꼭 붙어야 하는데.

(2) A: 너 또 그거 먹는 거야?
      엄청 좋아하나 보네.
   B: 응, 엄청.

(3) A: 저 어마어마한 다이아몬드 좀 봐.
   B: 그러게. 저 반지 아주 비싸겠어.

(4) A: 야, 야채 먹어야지.
   B: 먹고 싶지 않아. 난 그냥 야채가 싫더라고.

→ 정답 : "must"가 "의무(obligation)"의 의미로 사용된 대화문 → (1), (4)

C. 다음 응답들은 참고용입니다. 각 질문에 자유롭게 응답해보세요.

(1) Q: What are some things you must do every day at home?
   A: I must clean my room.

   Q: 당신이 매일 꼭 해야 하는 것은 무엇인가요?
   A: 방 청소를 해야 해요.

(2) Q: What are some foods you must not eat if you want to lose weight?
   A: I must not eat pizza or anything that is too greasy or salty.

   Q: 살을 빼고 싶다면 어떤 음식을 삼가야 할까요?
   A: 피자를 비롯해 너무 기름지거나 짠 음식은 먹으면 안 돼요.

Check This Out

1) "~해야 하다"라는 뜻의 조동사에는 "must"도 있어요. "have to"가 본인의 의지와 관계 없이 어쩔 수 없이 해야 하는 **수동적인 의무**에 해당한다면, "must"는 본인 스스로 무언가를 하겠다는 **능동적인 의무**, 즉 **의지**가 담겨 있습니다.

2) "must"도 "~임에 틀림없다"라는 뜻으로 쓰일 수 있습니다. 오히려 "have to"보다 더 자주 쓰이며, 느낌상으로도 좀 더 확신이 넘치죠.

019

I'm nineteen.

난 열아홉이야.

A. Let's practice the dialogues using the given information.

19	A: How old are you? B: I'm <u>nineteen</u>.	→	①	26

183	A: How tall are you? B: I'm exactly <u>one hundred eighty-three</u> centimeters.	→	②	154

3,500	A: How much do you make a month? B: I make about <u>three thousand five hundred</u> dollars.	→	③	2,700

B. Let's read the numbers below.

(1) 915,000 → _____ thousand

(2) 340,000,000 → _____ million

(3) 672,000,000,000 → _____ billion

(4) 408,000,000,000,000 → _____ trillion

C. Read the numbers.

(1) 348,107,625

→ _____

(2) 839,250,071,406,013

→ _____

D. Answer the questions below.

(1) Q: How many books do you read a year?

A: _____ .

(2) Q: How much do you want to make a month?

A: _____ .

A. 주어진 정보를 이용해 다음 대화문들을 연습해봅시다.

19	A: 넌 몇 살이야? B: 난 열아홉이야.	→	①	26 twenty-six
183	A: 넌 키가 어떻게 돼? B: 난 정확히 183센티미터야.	→	②	154 one hundred (and) fifty-four
3,500	A: 넌 한 달에 얼마 벌어? B: 3,500달러 정도 벌어.	→	③	2,700 two thousand seven hundred

B. 다음 각 숫자를 읽어봅시다.

(1) → 정답 : nine hundred (and) fifteen thousand
(2) → 정답 : three hundred (and) forty million
(3) → 정답 : six hundred (and) seventy-two billion
(4) → 정답 : four hundred (and) eight trillion

C. 다음 각 숫자를 읽어보세요.

(1) → 정답 : three hundred (and) forty-eight million, one hundred (and)
    seven thousand, six hundred (and) twenty-five

(2) → 정답 : eight hundred (and) thirty-nine trillion, two hundred (and) fifty billion,
    seventy-one million, four hundred (and) six thousand, (and) thirteen

D. 다음 응답들은 참고용입니다. 각 질문에 자유롭게 응답해보세요.

(1) Q: How many books do you read a year?   Q: 당신은 일 년에 책을 몇 권 읽나요?
    A: <u>I read about 12 books, one per month.</u>   A: 12권 정도 읽어요. 한 달에 한 권요.

(2) Q: How much do you want to make a month?   Q: 당신은 한 달에 얼마나 벌고 싶나요?
    A: <u>I want to make more than 4,000 dollars.</u>   A: 4,000달러 이상 벌고 싶어요.

Check This Out

1) 숫자를 읽는 기본적인 규칙은 다음과 같아요.

- 보통, 숫자에는 "936,215,487"처럼 세 자리마다 콤마가 등장하는데, 백 단위까지 읽을
수 있다면 그 이상의 숫자들은 각 콤마 자리에 그것에 해당하는 값(thousand, million,
billion, trillion)을 넣어서 읽어주면 돼요.

- 숫자를 읽을 때 백 단위와 그 이하 단위 사이에는 "**and**"를 넣는 것이 기본이지만, 미국
영어에서는 이를 보통 생략해요. 심지어 "**hundred**"까지 빼고 읽기도 하죠.

- 21~99까지의 숫자들은 십 단위와 일 단위를 하이픈(-)으로 이어서 한 단어처럼 표현
해요.

2) "**70 billion**"을 그냥 "**70억**"이라고 해석하는 사람들이 많은데, "**billion**" 자체가 "**10억**"
이라는 의미라서, "**70 billion**"은 "**700억**"이 된답니다. 헷갈리지 않도록 주의하세요.

020

How old are you?

너 몇 살이야?

Gotta Know

A. Let's practice the dialogues using the given information.

you
25 years old

A: How old <u>are you</u>?
B: <u>I'm 25 (years old).</u>

①
your wife
23 years old

your daughter
almost
3 months old

A: How old is <u>your daughter</u>?
B: <u>She's almost 3 months old.</u>
/ <u>She's nearly 3 months old.</u>
/ <u>She's close to 3 months old.</u>

②
your dog (male)
nearly
6 months old

your brother
19 years old
next month

A: How old is <u>your brother</u>?
B: <u>He'll be 19 (years old) next month.</u>
/ <u>He'll turn 19 (years old)</u>
<u>next month.</u>

③
your mother
60 years old
next year

your sister
30 years old
recently

A: How old is <u>your sister</u>?
B: <u>She just turned 30 (years old).</u>
/ <u>She's just turned 30 (years old).</u>
/ <u>She's recently turned 30</u>
<u>(years old).</u>

④
your nephew
8 years old
recently

Gotta Remember

B. Answer the question below.

Q: How old are you?
A: _____ .

A. 주어진 정보를 이용해 다음 대화문들을 연습해봅시다.

| 당신
25세 | A: 너 몇 살이야?
B: 난 스물다섯이야. | ➡ | ①
당신의 아내
23세 |

| 당신의 딸
3개월 다 돼 감 | A: 네 딸은 몇 살이야?
B: 3개월 다 돼 가. | ➡ | ②
당신의 개(수컷)
6개월 다 돼 감 |

| 당신의 남동생
19세
다음 달 | A: 네 남동생은 몇 살이야?
B: 걘 다음 달에 열아홉 살 돼. | ➡ | ③
당신의 어머니
60세
내년 |

| 당신의 누나
30세
최근 | A: 네 누나는 몇 살이야?
B: 이제 막 서른 됐어. / 최근에 서른 됐어. | ➡ | ④
당신의 조카
8세
최근 |

B. 다음 응답은 참고용입니다. 질문에 자유롭게 응답해보세요.

Q: How old are you?
A: I'm 30 right now, but I'll be 31 next month.

Q: 당신은 나이가 어떻게 되나요?
A: 지금은 서른인데 다음 달이면 서른한 살 돼요.

Check This Out

1) 보통, "난 스무 살이야."라고 말하려면 "I'm 20 years old."라고 표현해요. 하지만 상대방이 나이를 묻기 전에 먼저 자기 나이를 밝힐 상황은 별로 없겠죠? 상대방의 물음에 답할 때는 이미 나이를 말한다는 사실을 서로가 알기 때문에 그냥 간단히 "I'm 20."라고 표현하는 게 더 일반적이에요.

2) 나이를 말할 때는 무조건 "years old"라고 표현하는 것은 아니에요. 딱 한 살 된 아기의 경우에는 "one year old"처럼 "year"을 단수로 표현해줘야 하죠. 특히, 하루가 멀다 하고 금방 자라는 영유아들의 경우에는 나이를 보통 개월 수로 세기 때문에 "18 months old"처럼 표현해야 한답니다.

3) 우리나라에서도 나이를 비교할 때 간혹 빠른 생일과 늦은 생일로 구분하긴 하지만, 대부분은 그냥 연도로 나이를 끊기 때문에 자신의 나이를 "10살 반"처럼 소개하진 않죠. 하지만 미국에서는 실제 자기 생일을 기준으로 나이를 셈하기 때문에 자기 나이를 "I'm 10 and a half years old. (난 10살 반이야.)"처럼 소개하기도 한답니다. 보통, 나이가 많을 경우에는 6개월이 큰 의미가 없으니 나이가 어릴 때만 이렇게 표현하겠죠?

021 How much do you weigh?

넌 몸무게 얼마나 나가?

Gotta Know

A. Let's practice the dialogues using the given information.

you
83 kg ≈ 183 lbs

A: How much <u>do you weigh</u>?
B: <u>I weigh 83 kg.</u> ≈ <u>I weigh 183 lbs.</u>
  / <u>I'm 83 kg.</u>   / <u>I'm 183 lbs.</u>

①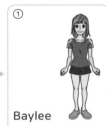

Baylee
49 kg ≈ 108 lbs

Kevin
70 kg ≈ 154.3 lbs

A: How much does <u>Kevin</u> weigh?
B: <u>He</u> weighs <u>about 154 lbs.</u>
  / <u>He's</u> <u>around 154 lbs.</u>

②

Scarlet
67 kg ≈ 147.7 lbs

Sylvia
58 kg ≈ 127.9 lbs

A: What does <u>Sylvia</u> weigh?
B: <u>She</u> weighs <u>almost 130 lbs.</u>
  / <u>She's</u> <u>close to 130 lbs.</u>

③

Brice
95 kg ≈ 209.4 lbs

Gotta Remember

B. Answer the question below.

Q: How much do you want to weigh?

A: _____
_____ .

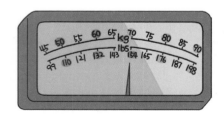

A. 주어진 정보를 이용해 다음 대화문들을 연습해봅시다.

당신 83킬로그램 ≈ 183파운드	A: 넌 몸무게 얼마나 나가? B: 난 83킬로그램(약 183파운드) 나가. / 난 83킬로그램(약 183파운드)이야.	→	① 베일리 49킬로그램 ≈ 108파운드
케빈 70킬로그램 ≈ 154.3파운드	A: 케빈은 몸무게 얼마나 나가? B: 걘 약 154파운드 정도 나가. / 걘 대략 154파운드야.	→	② 스칼렛 67킬로그램 ≈ 147.7파운드
실비아 58킬로그램 ≈ 127.9파운드	A: 실비아는 체중이 얼마야? B: 걘 거의 130파운드 나가. / 걘 130파운드에 가까워.	→	③ 브라이스 95킬로그램 ≈ 209.4파운드

B. 다음 응답은 참고용입니다. 질문에 자유롭게 응답해보세요.

Q: How much do you want to weigh?
A: I want to weigh around 140 lbs.,
   so I should lose about 10 lbs.

Q: 당신은 몸무게가 얼마였으면 좋겠어요?
A: 140파운드(약 63.5kg) 정도였으면 해서
   약 10파운드(약 4.54kg) 정도 빼야 해요.

Check This Out

1) 몸무게를 물을 땐 "How much do you weigh?"라고 묻는 것이 가장 일반적이지만, 간혹 "how much" 대신 "what"을 써서 "What do you weigh?"라고 묻기도 하고, "weigh"의 명사형인 "weight"를 써서 "What's your weight?"라고 묻기도 해요.

2) 몸무게를 말할 때는 "weigh"라는 동사를 써서 "I weigh 70 kg. (난 70킬로그램 나가.)"처럼 표현하기도 하고, 그냥 "I'm 70 kg. (난 70킬로그램이야.)"처럼 be동사로 표현하기도 해요.

3) 대략적인 몸무게를 알려줄 때는 "약", "대략", "~쯤"이라는 뜻의 "about"이나 "around"를 써서 표현하거나, "거의", "~ 가까이"라는 뜻의 "almost"나 "close to"를 써서 표현할 수 있어요.

4) 몸무게란 사람의 체중을 측정한 것으로, 미국에서는 보통 "파운드(pound)" 단위로 표현하지만, 그 외 대부분의 영어권 국가에서는 "킬로그램(kilogram)" 단위로 표현해요.

5) 다른 단위들과는 달리, 무게 단위인 "파운드(pound)"는 약자로 "p"가 아닌 "lb"를 사용해요. 이는 "저울(scales)"을 뜻하는 라틴어 "libra"에서 비롯된 것으로, 태아가 아닌 이상 몸무게는 항상 1파운드를 넘기 때문에 실제로 몸무게를 표현할 때는 "lbs"처럼 복수로 표현하게 되죠. 줄임말이기 때문에 "lb.", "lbs."처럼 끝에 마침표를 붙여야 옳겠지만, 마침표를 생략하는 것도 허용된답니다. 반면, 국제단위인 "킬로그램(kilogram)"은 줄여서 "kg"라고 표현되는데, 끝에는 항상 마침표를 붙이지 않으며, 1킬로그램이 넘더라도 "kgs"처럼 복수로 표현하지 않는다는 차이가 있어요.

6) "난 보통 몸무게야."라고 말하려면 "average"라는 표현을 써서 "I'm (an) average weight." 라고 표현하거나 "normal"이라는 표현을 써서 "I'm a normal weight."라고 표현할 수 있어요. "normal" 앞에 "a"는 생략하지 않음에 유의하세요.

022 How tall are you?
넌 키가 얼마나 돼?

Gotta Know

A. Let's practice the dialogues using the given information.

you
152 cm ≈ 5 ft

A: How tall <u>are you</u>?
B: <u>I'm 152 cm.</u> ≈ <u>I'm 5 ft.</u>

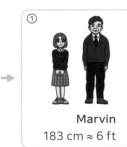

①

Marvin
183 cm ≈ 6 ft

Glenn
143.3 cm

A: How tall is <u>Glenn</u>?
B: <u>He's</u> <u>about 143 cm</u>.
 / <u>He's</u> <u>around 143 cm</u>.

②

Laura
167.6 cm

Abbie
158.5 cm

A: How tall is <u>Abbie</u>?
B: <u>She's</u> <u>almost 160 cm</u>.
 / <u>She's</u> <u>nearly 160 cm</u>.
 / <u>She's</u> <u>close to 160 cm</u>.

③

Luke
189.0 cm

Gotta Remember

B. Answer the question below.

Q: How tall are you?

A: _____.

1ft   30.48cm

A. 주어진 정보를 이용해 다음 대화문들을 연습해봅시다.

당신
152센티미터
≈ 5피트

A: 넌 키가 얼마나 돼?
B: 난 152센티미터(약 5피트)야.

→

①
마빈
183센티미터
≈ 6피트

글렌
143.3센티미터
(약 4.7피트)

A: 글렌은 키가 얼마나 돼?
B: 걘 약 143센티미터 정도야.

→

②
로라
167.6센티미터
(약 5.5피트)

애비
158.5센티미터
(약 5.2피트)

A: 애비는 키가 얼마나 돼?
B: 걘 거의 160센티미터야.
 / 걔 키는 160센티미터에 가까워.

→

③
루크
189.0센티미터
(약 6.2피트)

B. 다음 응답은 참고용입니다. 질문에 자유롭게 응답해보세요.

Q: How tall are you?
A: I'm almost 180 cm.

Q: 당신은 키가 얼마나 되나요?
A: 전 거의 180센티미터예요.

Check This Out

1) 상대방의 키를 물어볼 때는 주로 "How tall are you?"라고 묻지만 "높이"라는 뜻의 명사 "height"를 이용해 "What's your height?"처럼 묻기도 해요.

2) 키를 말할 때는 "I'm 175 cm tall."처럼 거의 항상 be동사로 표현해요. 이때 맨 뒤의 "tall"은 생략하기도 하죠. 사실, 키를 묻는 말에 대답할 때는 숫자만으로도 이미 단위를 예상할 수 있기 때문에 "tall"과 더불어 "centimeters"나 "feet"까지 생략해버리고 숫자로만 표현하기도 하는데, 이때 숫자로만 대답하려는 목적 자체가 간단히 표현하고자 함이라서 "hundred" 같은 단위도 생략해버린답니다. 예를 들어, "난 (키가) 175(센티미터)야."라고 말하려면 "I'm one seventy-five."라고 표현하죠.

3) 무게 표현에서 배운 바와 마찬가지로, 대략적인 키를 알려줄 때도 숫자 표현 앞에 "about", "around", "almost", "nearly", "close to" 등의 표현을 사용해요.

4) 무게 단위와 마찬가지로 미국을 제외한 타 국가에서는 대부분 "센티미터(centimeters)" 단위로 키를 측정하지만, 미국에서는 "피트(feet)"라는 단위를 사용해요. 보통, 글로 표현할 때는 "피트(feet)"는 "ft"로, "센티미터(centimeters)"는 "cm"으로 줄여서 표현하죠.

5) "난 보통 키야."라고 말할 때는 "average"라는 표현을 써서 "I'm (an) average height." 라고 표현하거나 "normal"이라는 표현을 써서 "I'm a normal height."라고 표현할 수 있어요. "normal" 앞에 "a"는 생략하지 않음에 유의하세요.

023

What day is it today?
오늘 무슨 요일이야?

Gotta Know

A. **Let's use the day of the week it is today to practice the following dialogues. If today is Thursday, use Tuesday instead since the example below already shows the answers for Thursday.**

Sunday	
Monday	
Tuesday	← the day before yesterday
Wednesday	← yesterday
Thursday	← today
Friday	← tomorrow
Saturday	← the day after tomorrow

A: What day is (it) today?
B: It's <u>Thursday</u>. / Today is <u>Thursday</u>.

A: What day was (it) <u>yesterday</u>?
B: It was <u>Wednesday</u>.

A: What day will (it) be <u>the day after tomorrow</u>?
B: It'll be <u>Saturday</u>.

B. **Let's practice the dialogues using the given information.**

A: What do you do <u>on Tuesday evening</u>?
B: I <u>have a phone English class</u>.

A: What do you do <u>on Saturdays</u>?
B: I usually <u>go fishing</u>.

①	②	③	④

Sunday go to church	Friday night hang out with friends	Thursday play golf	Wednesday evening work out

Gotta Remember

C. **Answer the question below.**

Q: What do you usually do on Saturdays?
A: _____.

A. 다음은 오늘을 목요일이라고 가정하고 오늘, 어제, 모레의 요일을 묻고 답한 대화문들입니다. 실제 오늘 요일을 기준으로 다음 대화문들을 연습해봅시다. 만약, 오늘이 목요일이라면 오늘을 화요일이라고 가정하고 대화문을 연습해보세요.

일요일	
월요일	
화요일	← 그제
수요일	← 어제
목요일	← 오늘
금요일	← 내일
토요일	← 모레

A: 오늘 무슨 요일이야?
B: 목요일이야. / 오늘은 목요일이야.

A: 어제는 무슨 요일이었어?
B: 수요일이었어.

A: 모레는 무슨 요일이야?
B: 토요일이야.

B. 주어진 정보를 이용해 다음 대화문들을 연습해봅시다.

A: 너 화요일 저녁에 뭐 해?
B: 전화영어 수업 있어.

A: 넌 토요일마다 뭐 해?
B: 보통은 낚시하러 가.

① 일요일 / 교회 가다
② 금요일 밤 / 친구들이랑 놀다
③ 목요일 / 골프 치다
④ 수요일 저녁 / 운동하다

C. 다음 응답은 참고용입니다. 질문에 자유롭게 응답해보세요.

Q: What do you usually do on Saturdays?
A: Aside from catching up on my sleep, I usually just play it by ear.

Q: 당신은 토요일마다 보통 무얼 하나요?
A: 밀린 잠을 자는 거 외에는 딱히 정해놓고 하는 건 없어요.

Check This Out

1) 요일은 간단히 "What's today?"라고 묻기도 해요.

2) 요즘 젊은 층에서는 요일을 물을 때 비인칭 주어 "it"을 생략하는 경우가 많아요. 즉, 이번 과에서 괄호 속에 표현한 "it"은 대화 시 보통 생략된다고 보면 되죠.

3) 미래 시점의 요일을 물을 때는 미래 시제를 사용하기도 하지만 그냥 다음과 같이 현재 시제로 묻고 답하는 경우도 많아요.
   Q: What day is (it) tomorrow?   Q: 내일은 무슨 요일이야?
   A: Tomorrow is Friday. (= It is Friday tomorrow.)   A: 내일은 금요일이야.

4) 특정한 요일에만 발생하는 일을 설명하고자 할 때는 그냥 "on + (요일)"처럼 표현하고, 매주 같은 요일에 반복적으로 발생하는 일을 설명하고자 할 때는 "on + (요일)s"와 같이 표현해요. 이는 "morning", "afternoon", "evening", "night" 등의 시간 표현에도 응용할 수도 있는데, 이를테면 금요일 밤마다 반복되는 일을 묘사할 때는 "on Friday nights", 특정 목요일 저녁에만 발생하는 일을 묘사할 때는 "on Thursday evening"처럼 표현할 수 있답니다.

5) 매주 반복되는 일을 설명할 때도 "on Sunday"처럼 표현하기도 해요. 이를 "on Sundays"처럼 구체적으로 말해주는 것은 의미를 분명하게 하거나 강조하는 의미겠죠?

024

What month is it now?

지금 몇 월이야?

Gotta Know

A. Let's practice the dialogues. Replace the underlined months and seasons in the examples with the current month and season.

January	/ Jan.	winter
February	/ Feb.	
March	/ Mar.	spring
April	/ Apr.	
May	/ May	
June	/ Jun.	summer
July	/ Jul.	
August	/ Aug.	
September	/ Sep.	fall (autumn)
October	/ Oct.	
November	/ Nov.	
December	/ Dec.	winter

A: What month is it now?
B: It's <u>October</u>.

A: What month is this?
B: This is <u>July</u>. / It's <u>July</u>.

A: What month are we in?
B: We're in <u>February</u>.

A: What season is it over there?
B: It's <u>summer</u>.

A: What season is this?
B: This is <u>winter</u>. / It's <u>winter</u>.

A: What season are we in?
B: We're in <u>spring</u>.

B. Let's practice the dialogues using the given information.

A: What month is <u>Valentine's Day</u> in?
B: It's in <u>February</u>.

A: What season is <u>Halloween</u> in?
B: It's in <u>fall</u>.

① Thanksgiving (Day) / November
② Clay's graduation / May
③ Joy's wedding / April
④ Cory's birthday / July

Gotta Remember

C. Answer the question below.

Q: What month were you born in?
A: I was born in _____.

A. 실제 지금 월을 기준으로 다음 대화문들을 연습해봅시다.

1월 / Jan.	겨울	
2월 / Feb.		
3월 / Mar.	봄	
4월 / Apr.		
5월 / May		
6월 / Jun.	여름	
7월 / Jul.		
8월 / Aug.		
9월 / Sep.	가을	
10월 / Oct.		
11월 / Nov.		
12월 / Dec.	겨울	

A: 지금 몇 월이야?
B: 10월이야.

A: 이번 달이 몇 월이지?
B: 이달은 7월이야. / 7월이야.

A: 우리 지금 몇 월이지?
B: 2월이야.

A: 거긴 지금 무슨 계절이야?
B: 여름이야.

A: 지금이 무슨 계절이지?
B: 지금은 겨울이야. / 겨울이야.

A: 지금이 무슨 계절이지?
B: 봄이야.

B. 주어진 정보를 이용해 다음 대화문들을 연습해봅시다.

A: 밸런타인데이는 몇 월이야?
B: 2월이야.

A: 핼러윈은 무슨 계절이야?
B: 가을이야.

① 추수감사절	/ 11월
② 클레이의 졸업식	/ 5월
③ 조이의 결혼식	/ 4월
④ 코리의 생일	/ 7월

C. 다음 응답은 참고용입니다. 질문에 자유롭게 응답해보세요.

Q: What month were you born in?
A: I was born in <u>August</u>.

Q: 당신은 몇 월에 태어났나요?
A: 전 8월에 태어났어요.

Check This Out

1) "지난달", "이번 달", "다음 달"은 각각 "last month", "this month", "next month"라고 표현해요.

2) 월을 헷갈려 하는 사람은 종종 있어도, 같은 지역에 있으면서 계절을 묻는 사람은 드물죠? 그래서 계절을 묻고 답하는 표현들은 사용할 일이 별로 없어요. 단, 월은 전 세계적으로 같지만 계절은 지역마다 다를 수 있기 때문에 특정 지역의 계절은 "What season is it in Miami? (마이애미는 지금 무슨 계절이야?)" 또는 "What season is it over there? (거긴 지금 무슨 계절이야?)"처럼 묻기도 해요.

3) "가을"은 "fall"이라고 하지만 종종 "autumn"이라고 표현하는 사람들도 있긴 해요. 참고로, "autumn"은 주로 영국에서 사용되는 표현이에요.

4) "5월에", "겨울에"처럼 대화 중 특정 시점을 말하고자 할 때는 전치사 "in"을 사용해요. 이때 월 이름 앞에는 아무것도 붙지 않지만, 계절 이름 앞에는 간혹 정관사 "the"를 붙이기도 하죠.

5) 어떤 시기에 가까워짐을 표현할 때는 "almost"를 사용해 "It's almost November. (11월이 다 돼 가.)", "It's almost winter. (겨울이 다 돼 가.)"처럼 표현해요.

025

What's the date today?

오늘 며칠이야?

Gotta Know

A. Let's read the ordinal numbers below.

(1) 1st → _____

(2) 2nd → _____

(3) 3rd → _____

(4) 5th → _____

(5) 7th → _____

(6) 8th → _____

(7) 9th → _____

(8) 12th → _____

(9) 20th → _____

(10) 100th → _____

B. Let's practice the dialogues using the given information.

Jun. 1	A: What's the date today? B: It's June first.	→	① Oct. 31
May 22	A: What date is it today? B: It's the twenty-second of May.	→	② Nov. 2
Dec. 3	A: What's today's date? B: Today is December third.	→	③ Mar. 23
Valentine's Day Feb. 14	A: When is Valentine's Day? B: It's February fourteenth.	→	④ Libby's birthday Jan. 20

Gotta Remember

C. Read the numbers.

(1) 31st → _____

(2) 72nd → _____

(3) 153rd → _____

(4) 95th → _____

(5) 1,000th → _____

(6) 1,000,000th → _____

D. Answer the questions below.

(1) Q: What's the date today?

A: _____.

(2) Q: When is your birthday?

A: _____.

A. 다음 각 숫자를 읽어봅시다.

(1) → 정답 : first
(2) → 정답 : second
(3) → 정답 : third
(4) → 정답 : fifth
(5) → 정답 : seventh

(6) → 정답 : eighth
(7) → 정답 : ninth
(8) → 정답 : twelfth
(9) → 정답 : twentieth
(10) → 정답 : one hundredth

B. 주어진 정보를 이용해 다음 대화문들을 연습해봅시다.

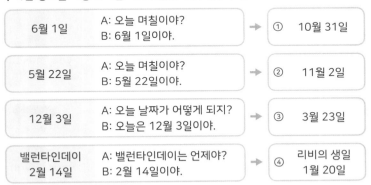

6월 1일	A: 오늘 며칠이야? B: 6월 1일이야.	→	①	10월 31일
5월 22일	A: 오늘 며칠이야? B: 5월 22일이야.	→	②	11월 2일
12월 3일	A: 오늘 날짜가 어떻게 되지? B: 오늘은 12월 3일이야.	→	③	3월 23일
밸런타인데이 2월 14일	A: 밸런타인데이는 언제야? B: 2월 14일이야.	→	④	리비의 생일 1월 20일

C. 다음 각 숫자를 읽어보세요.

(1) → 정답 : thirty-first
(2) → 정답 : seventy-second
(3) → 정답 : one hundred (and) fifty-third
(4) → 정답 : ninety-fifth

(5) → 정답 : one thousandth
(6) → 정답 : one millionth

D. 다음 응답들은 참고용입니다. 각 질문에 자유롭게 응답해보세요.

(1) Q: What's the date today?
   A: It's November 22nd.

   Q: 오늘은 며칠인가요?
   A: 11월 22일이에요.

(2) Q: When is your birthday?
   A: It's July 11th.

   Q: 당신의 생일은 언제인가요?
   A: 7월 11일이에요.

Check This Out

1) "날짜(date)"는 몇 월의 몇 번째 날인지를 가리키는 정보인데, 이처럼 순서를 나타낼 때 사용하는 숫자를 "서수(ordinal numbers)"라고 해요.

2) 미국에서는 월과 날짜를 표현할 때 "July 11th"처럼 간단히 말하는 게 일반적이에요. "the 11th of July"처럼 날짜를 먼저 말할 수도 있는데, 이렇게 표현하면 다소 격식적인 느낌을 준답니다. "July 11th"라는 표현은 서수 "11th" 앞에 정관사 "the"가 생략된 것이에요. 간혹 이를 생략하지 않고 "July the 11th"라고 표현하기도 하지만 이는 영국영어에서 일반적이고, 미국영어에서는 이를 생략하고 말하는 경우가 훨씬 더 많죠.

When were you born?

넌 언제 태어났어?

A. Let's practice the dialogues using the given information.

you
1981

A: When <u>were you</u> born?
B: <u>I was born in nineteen eighty-one</u>.
 / <u>I</u> was born in <u>eighty-one</u>.

①

your husband
1979

your son
May 22, 2011

A: When <u>was your son</u> born?
B: <u>He</u> was born (on) <u>May 22nd,</u>
 <u>twenty eleven</u>.
 / <u>He</u> was born (on) <u>May 22nd,</u>
 <u>two thousand eleven</u>.

②

your daughter
Jul. 31, 2013

Mar. 27, 2002

A: What year were you born (in)?
B: I was born in <u>two thousand two</u>.
 / I was born in <u>oh-two</u>.

A: What month were you born (in)?
B: I was born in <u>March</u>.

③

Feb. 5, 1995

Sep. 3, 1956

A: What's your **date of birth**?
B: (It's) <u>September 3rd, nineteen</u>
 <u>fifty-six</u>.
 / (It's) <u>September 3rd, fifty-six</u>.

④

Dec. 11, 1968

B. Answer the question below.

Q: When were you born?
A: _____.

A. 주어진 정보를 이용해 다음 대화문들을 연습해봅시다.

당신 1981년	A: 넌 언제 태어났어? B: 난 1981년도에 태어났어.	→	①	당신의 남편 1979년

당신의 아들 2011년 5월 22일	A: 네 아들은 언제 태어났어? B: 걘 2011년 5월 22일에 태어났어.	→	②	당신의 딸 2013년 7월 31일

2002년 3월 27일	A: 넌 몇 년도에 태어났어? B: 난 2002년도에 태어났어. A: 넌 몇 월에 태어났어? B: 난 3월에 태어났어.	→	③	1995년 2월 5일

1956년 9월 3일	A: 넌 생년월일이 어떻게 돼? B: 1956년 9월 3일이야.	→	④	1968년 12월 11일

B. 다음 응답은 참고용입니다. 질문에 자유롭게 응답해보세요.

Q: When were you born?
A: I was born October 17th, nineteen ninety-eight.

Q: 당신은 언제 태어났나요?
A: 전 1998년 10월 17일에 태어났어요.

Check This Out

1) 년도를 말할 때는 기본적으로 두 자리씩 끊어서 읽지만, 2000년도부터는 두 자리씩 끊어서 읽기도 하고 일반적인 기수처럼 하나의 숫자로 읽기도 해요. 단, 2000년도부터 2009년도까지는 그냥 하나의 숫자로 읽는 것이 훨씬 일반적이죠.

2) 년도에서 끝 두 자리 숫자가 "00"과 "10" 사이인 경우 숫자 "0"은 "oh"라고 읽기도 하고, 드물긴 하지만 그냥 "0"을 생략하고 읽기도 해요. 예를 들어, "1605년도"의 경우 "sixteen oh-five" 또는 "sixteen five"라고 읽죠.

3) "1800년도"처럼 "00"으로 끝나는 년도는 그냥 "(앞 두 자리) hundred"라고 읽어요. 단, "2000년도"는 "twenty hundred"가 아니라 "two thousand"라고 읽으며, 앞에 "the year"을 붙여주기도 한답니다.

4) 보통, 우리말로 년도를 표현할 때 "98년도", "17년도"처럼 년도의 첫 두 자리를 생략하고 말하는 경우가 많은데, 이는 영어로 표현할 때도 마찬가지예요. 단, "2000년도"처럼 "00"으로 끝나는 년도는 표기 시에는 간혹 첫 두 자리를 생략하기도 하지만, 말로 표현할 때는 절대로 첫 두 자리를 생략하지 않으니 주의하세요.

5) 생일이나 진료 예약 날짜, 입학식 날짜, 데이트 날짜, 오늘 날짜 등 특정한 날짜가 언제인지, 혹은 언제였는지 알려주고자 할 때는 날짜 앞에 전치사 "on"을 사용하는 것이 일반적이에요. 하지만 실제 대화 시에는 간혹 "on"을 생략하고 말하기도 하죠.

6) 타임머신을 타고 과거나 미래로 간 경우가 아니라면 올해가 무슨 년도인지 물을 일은 별로 없겠죠? 혹시나 물을 일이 생긴다면 달이나 계절을 묻는 방법처럼 표현하면 돼요.

A: What year is it now? / What year is this? / What year are we in?
B: It's twenty eighteen. / This is twenty eighteen. / We're in twenty eighteen.

A: 지금이 몇 년도지? / 올해가 무슨 년도지? / 우리 지금 몇 년도지?
B: 2018년도야.

027 I'll see you in a few days.
며칠 있다 봐.

Gotta Know

A. Use the *Cheat Box* to fill in the blanks. (Some answers may vary.)

(1) I'll see you _____ a few days.

(2) I've been living here since about 10 years _____.

(3) She should be here five minutes _____.

(4) I'm kind of busy right now. Call me back _____.

(5) It happened a long time _____.

(6) My spring break is just a week _____.

(7) The end of school is still four hours _____.

(8) I should be there _____ half an hour.

Cheat Box

in
ago
away
later
from now
from today

Gotta Remember

B. Complete the dialogues.

(1) A: I'm leaving a week _____.
   B: We should throw you a going-away party.

(2) A: Are you coming back later?
   B: Of course. I'll be back _____ an hour or so.

(3) A: Why didn't you tell me this a month _____?
   B: I only learned about it just this past week.

C. Answer the questions below.

(1) Q: When did you get your driver's license?
   A: _____ .

(2) Q: When is our next class?
   A: _____ .

A. 다음은 과거나 미래의 특정 시점을 나타내는 표현을 포함하고 있는 문장들입니다. Cheat Box 속 표현들로 빈칸을 채워보세요. (일부 정답은 응답자에 따라 다를 수 있음)

(1) 며칠 있다 봐. → 정답 : in
(2) 난 여기 산 지 약 10년 됐어. → 정답 : ago
(3) 걘 (지금부터) 5분 후에 여기 올 거야. → 정답 : from now
(4) 나 지금 좀 바빠. 나중에 다시 전화 줘. → 정답 : later
(5) (그건) 오래전 일이야. → 정답 : ago
(6) (나) 일주일만 있으면 봄방학이야. → 정답 : from today / from now / away
(7) (학교) 수업 끝나려면 아직 4시간이나 있어야 해. → 정답 : from now / away
(8) (내가) 30분 있다가 그리로 갈 수 있을 거야. → 정답 : in

B. 알맞은 표현으로 다음 각 대화문을 완성해보세요.

(1) A: 나 앞으로 일주일 뒤에 떠나. → 정답 : from today / from now
   B: 송별회를 열어줘야겠군.
(2) A: 너 이따 다시 올 거야? → 정답 : in
   B: 물론이지. 한 시간 정도 있다가 다시 올게.
(3) A: 이 얘길 왜 한 달 전에 안 해준 거야? → 정답 : ago
   B: 나도 지난주에서야 막 알게 됐어.

C. 다음 응답들은 참고용입니다. 각 질문에 자유롭게 응답해보세요.

(1) Q: When did you get your driver's license?   Q: 당신은 면허를 언제 땄나요?
   A: I got it about 10 years ago, but I'm still   A: 약 10년 전에 땄는데,
   a Sunday driver.   아직도 초보예요.
(2) Q: When is our next class?   Q: 우리 다음 수업이 언제죠?
   A: It's three days from today.   A: 오늘로부터 3일 후예요.

Check This Out

1) "3일 후"라고 하면 무조건 "three days later"처럼 표현하는 학습자들이 많은데, "later"은 현재가 아니라 과거나 미래의 특정 시점을 기준으로 며칠 후를 가리키는 표현이에요. 즉, 과거에 누군가를 만났는데 "그날로부터 3일 후"에 그 사람이 사라졌다거나, 미래에 일본을 방문할 건데 "그날로부터 3일 후"에 중국으로 갈 거라는 등의 이야기를 할 때 사용하죠. 현재 시점을 기준으로 "3일 후"라고 말할 때는 "three days from today", "three days from now" 또는 "three days away"라고 표현해요. 단, "away"는 "그건 3일 후야. (It's three days away.)"처럼 어떤 시점이 지금으로부터 얼마나 "떨어져 있는지(away)"를 말할 때만 사용하며, "나 지금부터 세 시간 뒤에 돌아올게. (I'll be back three hours from now.)"처럼 말하는 상황에서는 사용하지 않으니 유의하세요.

2) "3일 후"는 "in three days"라고 표현하기도 해요. 정확히 말하면 "in three days"는 "3일 후"라는 뜻이 아니라 "3일 정도의 시간이 지났을 무렵에"라는 뜻이라서 상황에 따라 "3일 내에"라는 뜻일 수도 있고, "3일 후에"라는 뜻이 될 수도 있답니다. 우리말로 옮길 때는 "3일 있다가" 또는 "3일 있으면"이라고 번역되기도 하죠.

028 Same here.
나도.

Gotta Know

A. Here are some expressions you can use to say "Likewise." Use the *Cheat Box* to fill in the blanks. (Answers may vary.)

(1) A: I'm kind of hungry.
B: _____.

(2) A: You look great today.
B: Thanks. _____.

(3) A: It's nice to meet you.
B: _____.

(4) A: I met him this morning.
B: _____.

(5) A: Watch your back.
B: _____.

Cheat Box

Me, too.   Same here.
You, too.   Same to you.
Likewise.

Gotta Remember

B. Change the underlined parts into something similar. (Answers may vary.)

(1) A: Nice talking to you.
B: Likewise. Have a nice day.

(2) A: I have a craving for sweets.
B: Same here.

(3) A: Keep it up.
B: Thanks. You, too.

C. Answer the question below.

Q: I love dogs. How about you?
A: _____.

A. "나도." 또는 "너도."라고 말하고 싶을 때는 다음과 같이 표현할 수 있습니다. Cheat Box 속 표현들로 빈칸을 채워보세요. (정답은 응답자에 따라 다를 수 있음)

(1) A: 나 배가 좀 고파.　　　　→ 정답 : Me, too.　/ Likewise. / Same here.
　　 B: <u>나도.</u>

(2) A: 너 오늘 엄청 멋져 보여.　　→ 정답 : You, too. / Likewise.
　　 B: 고마워. <u>너도 그래.</u>

(3) A: 만나서 반가워.　　　　　→ 정답 : You, too. / Likewise. / Same here.
　　 B: <u>나도.</u>

(4) A: 나 오늘 아침에 걔 만났어.　→ 정답 : Me, too.　/ Likewise. / Same here.
　　 B: <u>나도.</u>

(5) A: 밤길 조심해.　　　　　　→ 정답 : You, too. / Likewise. / Same to you.
　　 B: <u>너도.</u>

B. 밑줄 친 부분을 비슷한 의미의 다른 표현으로 바꿔보세요. (정답은 응답자에 따라 다를 수 있음)

(1) A: 목소리 들어서 반가웠어. / 통화 즐거웠어.　→ 정답 : You, too. / Same here.
　　 B: <u>나도.</u> 좋은 하루 보내.

(2) A: 나 단 음식이 당겨.　　　　→ 정답 : Me, too. / Likewise.
　　 B: <u>나도.</u>

(3) A: 계속 수고해.　　　　　　　→ 정답 : Likewise. / Same to you.
　　 B: 고마워. <u>너도.</u>

C. 다음 응답은 참고용입니다. 질문에 자유롭게 응답해보세요.

Q: I love dogs. How about you?　　Q: 전 개를 정말 좋아해요. 당신은 어떤가요?
A: <u>Same here. I love cats, too.</u>　　A: 저도 그래요. 전 고양이도 정말 좋아해요.

Check This Out

1) "Me, too."와 "You, too."는 상대방의 말에 "나도."라고 가볍게 숟가락을 얹는 표현인 것 아시죠? 사실, 여기서 "me"나 "you"는 상대방 말에서 주어나 목적어를 되받는 표현이랍니다. 대부분 주어를 되받는 것으로 인식되지만, "It's nice to meet you."처럼 끝부분의 목적어가 "you"로 끝나는 경우엔 "you"를 되받기도 하죠. 참고로, "It's nice to meet you."에 대한 응답으로 사용되는 "You, too."는 "너도."가 아니라 "나도."라고 번역됩니다.

2) 이것저것 따지기 싫다면 "Me, too."나 "You, too." 대신 "Same here."이나 "Same to you." 또는 "Likewise."를 사용할 수도 있어요. "Likewise."는 그냥 **"마찬가지야."**라는 뜻이라서 아무 때나 사용할 수 있지만, "Same here."은 본인을 뜻하는 "here" 때문에 "나도."라는 의미로만 사용할 수 있으며, "너도."라고 말하려면 "Same to you."라고 표현 해야 하죠.

Gotta Know

A. Let's practice the dialogues using the given information.

07:14

A: What time is it?
B: It's <u>seven fourteen (now)</u>.

①
03:42

04:00

A: What time is it now?
B: It's <u>four (o'clock)</u>.
  ≈ It's <u>four (o'clock) sharp</u>.
  = It's <u>four (o'clock) on the dot</u>.

②
09:00

05:03

A: Do you know what time it is?
B: It's <u>five oh-three</u>.

③
02:07

10:32 p.m.

A: Do you know what time it is now?
B: It's <u>about ten thirty p.m.</u>
  = It's <u>around ten thirty p.m.</u>

④
08:19 a.m.

11:49 a.m.

A: What time is it?
B: It's <u>almost noon</u>.
  = It's <u>close to noon</u>.

⑤
11:52 p.m.

Gotta Remember

B. Answer the question below.

Q: What time is it now?
A: _____.

A. 주어진 정보를 이용해 다음 대화문들을 연습해봅시다.

7시 14분	A: 몇 시야? B: (지금은) 7시 14분이야.	→	①	3시 42분
4시	A: 지금 몇 시야? B: 4시야. ≈ 4시 정각이야.	→	②	9시
5시 3분	A: 몇 시인지 알아? B: 5시 3분이야.	→	③	2시 7분
오후 10시 32분	A: 지금 몇 시인지 알아? B: 오후 10시 30분쯤 됐어.	→	④	오전 8시 19분
오전 11시 49분	A: 몇 시야? B: 거의 정오 다 됐어.	→	⑤	오후 11시 52분

B. 다음 응답은 참고용입니다. 질문에 자유롭게 응답해보세요.

Q: What time is it now?   Q: 지금 몇 시인가요?
A: <u>It's around eight thirty p.m.</u>   A: 오후 8시 반쯤 됐어요.

Check This Out

1) 시각을 알려줄 때는 시간과 분에 해당하는 숫자를 그냥 연이어 읽어주면 돼요. 예를 들어, 6시 23분이라면 "**six twenty-three**"라고 표현해주면 되죠.

2) "**o'clock**"은 시계상에 있는 1에서 12까지의 숫자에 해당하는 시간을 의미하는 말이었으나 이후 해당 시간에 근접한 시각을 의미하게 되어 "**정각**"이라는 의미를 갖게 됐어요. 하지만 정확한 의미의 "**정각**"을 의미하는 것은 아니고 전후 5분 정도의 여유를 갖는 "**대략적인 정각**"을 의미한다고 볼 수 있죠. "**정확한 정각**"을 의미하려면 뒤에 "**sharp**" 또는 "**on the dot**"이라는 표현을 추가해야 합니다.

3) 보통, 10분 이하의 분을 이야기할 때는 "**분(minute)**" 숫자 앞에 "**oh**"라는 표현을 더해 주기도 해요. 이때 "**oh**"와 기수(one, two, ..., nine)는 하이픈(-)으로 연결하죠. 특이하게도, "**oh**" 대신 "**zero**"라고 표현하진 않아요.

4) "**midnight**"는 정확히 "**자정**"을 의미하기도 하고, 그냥 "**한밤중**"을 의미하기도 해요.

5) 대화 시에 사용될 일은 없지만, TV나 라디오, 알람 등에서 시간을 알려줄 때는 "**The time now is seven thirty.** (지금 시각은 7시 30분입니다.)"라는 표현도 자주 듣게 돼요.

6) 사용 빈도가 낮긴 해도 시각은 다음과 같이 묻기도 해요.
   • Do you have the time?   지금 몇 시야? / 너 시계 있어?
   • (Have) You got the time?   지금 몇 시야? / 너 시계 있어?
   • What time do you have?   네 시계론 지금 몇 시야?
   • What's the time?   지금 몇 시야?
   • What time is it by your watch? 네 시계론 지금 몇 시야?

030 Do you have some time?

너 시간 좀 있어?

Gotta Know

A. Let's practice the dialogues. Replace the underlined sentences with the
ones in the *Ready-to-Use Box*.

(1) A: <u>Do you have (some) time?</u>
     B: Sure. What's up?

(2) A: <u>(Do you) Have a sec?</u>
     B: Yeah, of course. What is it?

> **Ready-to-Use Box**
>
> Have you got (some) time?
> (Do you) Have a second?
> (Do you) Have a minute?

B. Let's make interrogative sentences using the given expressions.

ex1) hobbies	→ Do you have time for hobbies?
ex2) talk	→ Do you have time to talk?

(1) help me   → _____ ?
(2) a drink   → _____ ?
(3) sit for a bit → _____ ?
(4) some coffee   → _____ ?

C. Let's make negative sentences using the given expressions.

ex1) dinner	→ I don't have time for dinner. / I have no time for dinner.
ex2) waste	→ I don't have time to waste. / I have no time to waste.

(1) this   → _____ . / _____ .
(2) see a movie   → _____ . / _____ .
(3) argue   → _____ . / _____ .
(4) you   → _____ . / _____ .

Gotta Remember

D. Remember what we have learned today? Complete the dialogue.

A: Do you have time to study English with me?
B: _____

78   Do you have some time?

A. Ready-to-Use Box 속 표현들로 밑줄 부분을 바꿔가며 대화문들을 연습해봅시다.

(1) A: <u>너 시간 (좀) 있어?</u>
    B: 물론이지. 무슨 일인데?

Have you got (some) time?	(너) 시간 (좀) 있어?
(Do you) Have a second?	(너) 잠시 시간 있어?
(Do you) Have a minute?	(너) 시간 좀 있어?

(2) A: <u>잠시 시간 돼?</u>
    B: 응, 물론이지. 무슨 일인데?

B. 주어진 표현을 이용해 알맞은 의문문을 만들어보세요.

ex1) 취미   → (너) 취미생활 할 시간 있어?
ex2) 이야기하다   → (너) 얘기할 시간 있어?

(1) 나를 돕다   → 정답 : Do you have time to help me?   (너) 나 도와줄 시간 있어?
(2) 술 한잔   → 정답 : Do you have time for a drink?   (너) 술 한잔할 시간 있어?
(3) 잠시 앉다   → 정답 : Do you have time to sit for a bit?   (너) 잠시 앉을 시간 있어?
(4) 약간의 커피 → 정답 : Do you have time for some coffee? (너) 커피 좀 마실 시간 있어?

C. 주어진 표현을 이용해 알맞은 부정문을 만들어보세요.

ex1) 저녁 식사 → 나 저녁 먹을 시간 없어. / 나 저녁 먹을 시간 전혀 없어.
ex2) 낭비하다 → 나 낭비할 시간 없어.   / 나 낭비할 시간 전혀 없어.

(1) 이것   → 정답 : I don't have time for this.   나 이거 할 시간 없어.
                / I have no time for this.   / 나 이거 할 시간 전혀 없어.

(2) 영화 보다 → 정답 : I don't have time to see a movie. 나 영화 볼 시간 없어.
                / I have no time to see a movie. / 나 영화 볼 시간 전혀 없어.

(3) 말다툼하다 → 정답 : I don't have time to argue.   나 말다툼할 시간 없어.
                / I have no time to argue.   / 나 말다툼할 시간 전혀 없어.

(4) 너   → 정답 : I don't have time for you.   나 너 상대할 시간 없어.
                / I have no time for you.   / 나 너 상대할 시간 전혀 없어.

D. 다음 대화문은 참고용입니다. 오늘 학습한 내용을 바탕으로 자유롭게 대화를 나눠보세요.

A: Do you have time to study English with me?   A: 너 나랑 영어 공부할 시간 있어?
B: <u>I don't have time today. How about tomorrow?</u> B: 오늘은 시간 없어. 내일은 어때?

Check This Out

1) 시각을 묻는 표현인 "Do you have the time?"이나 "Have you got the time?"에서
정관사 "the"를 빼고 "Do you have time?", "Have you got time?"처럼 표현하면 "Are
you free? (너 시간 있어?)"라는 완전히 다른 의미로 바뀌게 돼요. "시간 있어?"라는 말은
구체적인 양의 시간을 말하는 게 아니라 "어느 정도의 시간"을 의미하는 것이라서 "Do you
have some time?", "Have you got some time?"처럼 "some"을 넣어주기도 하죠.

What time is your curfew?

너 통금 시간이 몇 시야?

Gotta Know

A. Let's practice the dialogues using the given information.

the movie 09:45	A: What time is the movie? B: It's at 9:45. / It'll be at 9:45. / If I'm not mistaken, it should be at 9:45.	→	① the meeting 11:15
your flight about 10:20	A: What time is your flight? B: It's at about 10:20. / It'll be at around 10:20. / It's at 10 something.	→	② your class around 02:40
the party maybe 07:00	A: What time is the party? B: It's probably at 7:00. / It's maybe at 7:00. / It may be at 7:00. / It might be at 7:00.	→	③ the departure probably 05:30
the last bus 11:55	A: What time was the last bus? B: It was at 11:55. / If I remember correctly, it was at 11:55.	→	④ the show 07:10
your interview around 03:30	A: What time was your interview? B: It was at about 3:30. / It was at around 3:30.	→	⑤ your exam about 09:00
the play probably 06:50	A: What time was the play? B: It was probably at 6:50. / It was maybe at 6:50.	→	⑥ the last train maybe 10:30

Gotta Remember

B. Answer the question below.

Q: What time is your curfew?
A: _____.

A. 주어진 정보를 이용해 다음 대화문들을 연습해봅시다.

영화 9시 45분	A: 몇 시 영화야? B: 9시 45분이야. / 9시 45분일 거야. / 내 기억이 맞다면 9시 45분일 거야.	① 회의 11시 15분
당신의 항공편 10시 20분쯤	A: 너 몇 시 비행기야? B: 10시 20분쯤이야. / 10시 20분쯤일 거야. / 10시 몇 분이야.	② 당신의 수업 2시 40분쯤
파티 아마도 7시쯤	A: 파티 몇 시야? B: 아마 7시쯤일 거야. / 아마 7시쯤일 거야. / 아마 7시일 거야. (7시일지도 몰라.) / 아마 7시일 거야. (7시일지도 몰라.)	③ 출발 아마도 5시 반쯤
마지막 버스 11시 55분	A: 마지막 버스가 몇 시였어? B: 11시 55분이었어. / 내 기억이 맞다면 11시 55분이었어.	④ 쇼, 프로 7시 10분
당신의 면접 3시 반쯤	A: 너 면접 몇 시였어? B: 3시 반쯤이었어. / 3시 반쯤이었어.	⑤ 당신의 시험 9시쯤
연극 아마도 6시 50분쯤	A: 몇 시 연극이었어? B: 아마 6시 50분쯤이었을 거야. / 아마 6시 50분쯤이었을 거야.	⑥ 마지막 열차 아마도 10시 반쯤

B. 다음 응답은 참고용입니다. 질문에 자유롭게 응답해보세요.

Q: What time is your curfew?
A: It's 11 p.m. but my parents still get upset when I come home at 11.

Q: 당신은 통금 시간이 몇 시인가요?
A: 11시이긴 한데, 부모님은 제가 11시에 들어가도 화를 내세요.

Check This Out

1) 지금 시각이 아니라 예정된 일의 시각을 알려주는 경우엔 시간 표현 앞에 전치사 "at"을 붙여줘요.

2) 예정된 일의 시각을 묻고 답할 때는 미래의 일이기 때문에 미래 시제로 묻고 답할 수도 있지만, 실제 대화 시에는 그냥 현재 시제로 말하는 경우가 더 많아요.

3) 몇 시인지는 아는데, 정확한 분을 모르는 경우에는 다음과 같이 "something"이라고 표현해요.
   ex) It's at seven something p.m.   (그건) 저녁 7시 몇 분이야.

032 What time do you go to work?
넌 몇 시에 출근해?

Gotta Know

A. Let's practice the dialogues using the given information.

A: What time do you <u>go to work</u>?   B: I usually <u>go to work at around 7:30</u>.
A: What time did you <u>go to bed</u> yesterday?   B: I <u>went to bed after 11:00</u>.
A: What time do you want to <u>have lunch</u> today?   B: I want to <u>have lunch before noon</u>.

① **get off work** about 05:00	② **get home** before 06:30	③ **have dinner** around 07:00	④ **go to the gym** after 08:30

B. Let's practice the dialogues. Replace the underlined sentences with the ones in the *Ready-to-Use Box*.

(1) A: When do you want to get together?
     B: <u>Anytime after seven.</u>

(2) A: When do you want me to call you?
     B: <u>In about an hour.</u>

Ready-to-Use Box
At nine o'clock.   (At) About 11.   (At) Around eight if possible.   Maybe at five p.m.   Anytime in the evening.   Between five and seven.   Sometime between 10 and 11.   How about six p.m.?   Whenever you want.

Gotta Remember

C. Answer the question below.

Q: What time do you go to bed?
A: _____.

A. 주어진 정보를 이용해 다음 대화문들을 연습해봅시다.

A: 넌 몇 시에 출근해?
B: 난 보통 7시 반쯤에 출근해.

A: 너 어제 몇 시에 잠자리에 들었어?
B: 난 11시 넘어서 잠자리에 들었어.

A: 너 오늘 몇 시에 점심 먹고 싶어?
B: 난 12시 전에 먹고 싶어.

① 퇴근하다 / 5시쯤

② 귀가하다 / 6시 반 전에

③ 저녁을 먹다 / 7시쯤

④ 운동하러 가다 / 8시 반 이후에

B. Ready-to-Use Box 속 표현들로 밑줄 부분을 바꿔가며 대화문들을 연습해봅시다.

(1) A: 넌 언제 뭉치고 싶어?
B: <u>7시 이후로 언제든지.</u>

(2) A: 내가 언제 전화할까?
(넌 내가 너한테 언제
전화해줬으면 좋겠어?)
B: <u>한 시간 정도 있다가.</u>

At nine o'clock. 9시에.
(At) About 11. 11시쯤(에).
(At) Around eight if possible. 가능하면 8시쯤(에).
Maybe at five p.m. 아마도 오후 5시쯤.
Anytime in the evening. 저녁에 아무 때나.
Between five and seven. 5~7시 사이에.
Sometime between 10 and 11.
10~11시 사이에 (어느 때고).
How about six p.m.? 오후 6시는 어때?
Whenever you want. 네가 원할 때 언제든지.

C. 다음 응답은 참고용입니다. 질문에 자유롭게 응답해보세요.

Q: What time do you go to bed?
A: <u>I usually go to bed no later than 11 p.m.</u>

Q: 당신은 몇 시에 잠자리에 드나요?
A: 전 보통 늦어도 11시 전엔 잠자리에 들어요.

Check This Out

1) 현재 시제로 무언가의 시각을 물을 때는 평상시 하는 것의 시각을 묻는 것일 수도 있고, 가까운 미래의 일을 묻는 것일 수도 있어요. 딱 보면 어떤 질문인지 파악이 되는 것들도 있지만, 상황에 의존해 의미를 파악해야 하는 것들도 있죠.

2) 어떤 활동이나 행동의 시각을 물을 때는 "**What time ...?**"처럼 정확한 시각을 물을 수도 있지만, 그냥 "**When ...?**"이라고 묻기도 해요. 단, "**When ...?**"은 시기 또는 시점을 묻는 표현이라서 응답 시 정확한 시각뿐만 아니라 다양한 시간 표현이 사용될 수 있답니다.

3) "**no later than...**"은 주로 시간 표현 앞에 쓰여서 "~보다 더 늦지 않게", 즉 "늦어도 ~까지는"이라는 뜻을 만들어주는 표현이에요.

ex) I'm going to be there no later than seven.
늦어도 7시까지는 거기 갈게.

ex) I'm going to give it back to you no later than next Monday.
늦어도 다음 주 월요일까지는 (그거) 돌려줄게.

033

How's the weather today?

오늘 날씨 어때?

A. Let's practice the dialogues using the given information.

outside
sunny

A: How's the weather <u>outside</u>?
B: It's <u>sunny</u> (today).

A: What's the weather like <u>outside</u>?
B: It's <u>sunny</u> (today).

① in Arizona
rainy

yesterday
snowy

A: How was the weather <u>yesterday</u>?
B: It was <u>snowy</u>.

A: What was the weather like <u>yesterday</u>?
B: It was <u>snowy</u>.

② (over) there
breezy

tomorrow
windy

A: How will the weather be <u>tomorrow</u>?
B: It'll be <u>windy</u>.

A: What will the weather be like <u>tomorrow</u>?
B: It'll be <u>windy</u>.

this Sunday
cloudy

A: How's the weather <u>this Sunday</u>?
B: It'll be <u>cloudy</u>.

A: What's the weather like <u>this Sunday</u>?
B: It'll be <u>cloudy</u>.

③ this weekend
foggy

④ next week
stormy

Gotta Remember

B. Answer the questions below.

(1) Q: How's the weather today?
   A: _____ .

(2) Q: What was the weather like yesterday?
   A: _____ .

A. 주어진 정보를 이용해 다음 대화문들을 연습해봅시다.

| 밖에 /
화창한 | A: 바깥 날씨는 어때?
B: (오늘은) 날이 화창해. | → | ① | 애리조나에 /
비가 (많이) 오는 |

| 어제 /
눈이 (많이) 내리는 | A: 어젠 날씨가 어땠어?
B: 눈이 많이 내렸어. | → | ② | 거기, 그쪽에 /
산들바람이 부는 |

| 내일 /
바람이 (많이) 부는 | A: 내일은 날씨가 어떨까?
B: 바람이 많이 불 거야. | → | ③ | 이번 주말 /
안개가 (짙게) 낀 |

| 이번 일요일 /
구름이 (잔뜩) 낀, 흐린 | A: 이번 일요일엔 날씨가 어때?
B: 흐릴 거야. | → | ④ | 다음 주 /
폭풍우가 몰아치는 |

B. 다음 응답들은 참고용입니다. 각 질문에 자유롭게 응답해보세요.

(1) Q: How's the weather today?
   A: It's pretty sunny.

   Q: 오늘 날씨는 어때요?
   A: 꽤 화창해요.

(2) Q: What was the weather like yesterday?
   A: It was an overcast day and a bit chilly.

   Q: 어제 날씨는 어땠어요?
   A: 구름이 잔뜩 낀 날이었고,
      좀 쌀쌀했어요.

Check This Out

1) 날씨를 물을 때 "what"으로 시작하게 되면 반드시 뒤에 "like"를 동반해야 함에 유의하세요.

2) 날씨 묘사에서 사용되는 단어들은 "sun(해)", "rain(비)", "snow(눈)", "wind(바람)", "breeze (산들바람)", "fog(안개)", "cloud(구름)", "storm(폭풍우)"에서 파생된 단어들이에요. 주로 이런 단어들 끝에 "-y"가 붙게 되죠.

3) 빈도가 낮긴 해도 날씨는 다음과 같이 묘사하기도 해요.
   ex) It's a sunny day (today).   (오늘은) 화창한 날이야.

4) 보통, 구름 한 점 없는 하늘은 좀체 보기 힘들기 때문에 구름 한두 점 있다고 해서 "cloudy" 라는 표현을 사용하진 않아요. "cloudy"는 평소보다 구름이 많이 껴서 날이 좀 흐린 경우를 말하죠. 이보다 훨씬 구름이 많은 경우, 말 그대로 구름이 온 하늘을 뒤덮고 있는 **구름이 잔뜩 낀 매우 흐린 날씨**는 "overcast"라고 표현해요.
   ex) It's an overcast day here in Hong Kong.
       여기 홍콩은 구름이 잔뜩 껴서 날이 아주 흐려.

5) 보통, "비(rain)"나 "눈(snow)"처럼 양으로 설명할 수 있는 것들은 날씨를 설명할 때 비나 눈이 얼마나 많이 왔는지로 설명하기도 하죠. 이때는 동사 "have(가지고 있다)"나 "get (얻다)"을 활용해요. 참고로, 이렇게 묘사할 때는 "we"나 "you" 같은 대명사를 자주 사용 하는데, 이때 "we"는 "여기(우리가 있는 지역)"를 가리키고, "you"는 "거기(너희가 있는 지역)"를 가리킨다고 이해하면 돼요.
   ex) We had lots of rain last night.   여긴 지난밤에 비가 엄청 왔어.
   ex) How much snow did you get last year?   거긴 작년에 눈이 얼마나 왔어?

034

What's today's forecast?

오늘 일기예보는 어때?

Gotta Know

A. Let's practice the dialogues using the given information.

sunny all day	A: What's today's forecast? B: It's gonna be <u>sunny all day</u>.	① **cloudy** most of the day
rain tonight	A: What's the forecast today? B: The forecast says it's gonna <u>be raining tonight</u>. / The forecast says it's gonna <u>rain tonight</u>.	② **snow** this afternoon
hot next week	A: What's the weather like <u>next week</u>? B: According to the forecast, it'll be <u>hot</u>.	③ **cold** this weekend
as hot as today tomorrow	A: What will the weather be like <u>tomorrow</u>? B: According to the forecast, it'll be <u>as hot as today</u>.	④ **colder** **than yesterday** today
pour today	A: How's the weather <u>today</u>? B: I heard (that) it's gonna <u>be pouring</u>. / I heard (that) it's gonna <u>pour</u>.	⑤ **drizzle** tomorrow morning
freezing tomorrow	A: How will the weather be <u>tomorrow</u>? B: I heard (that) it might be <u>freezing</u>.	⑥ **scorching** this summer

Gotta Remember

B. Answer the question below.

Q: What's the forecast for the weekend where you live?

A: _____
_____ .

Translations & Answers

A. 주어진 정보를 이용해 다음 대화문들을 연습해봅시다.

화창한 온종일	A: 오늘 일기예보는 어때? B: 온종일 화창할 거야.	→	① 흐린 거의 온종일
비가 오다 오늘 밤	A: 오늘 일기예보는 어때? B: 일기예보에서 오늘 밤에 비 올 거래.	→	② 눈이 오다 오늘 오후에
더운 다음 주	A: 다음 주는 날씨가 어때? B: 일기예보에 따르면 더울 거래.	→	③ 추운 이번 주말에
오늘만큼 더운 내일	A: 내일은 날씨가 어떨까? B: 일기예보에 따르면 오늘만큼 더울 거래.	→	④ 어제보다 더 추운 오늘
퍼붓다 오늘	A: 오늘 날씨 어때? B: 비가 엄청 퍼부을 거래.	→	⑤ 보슬비가 내리다 내일 아침에
꽁꽁 얼게 추운 내일	A: 내일은 날씨가 어떨까? B: 꽁꽁 얼 정도로 추울 거래.	→	⑥ 불볕더위인 올여름에

B. 다음 응답은 참고용입니다. 질문에 자유롭게 응답해보세요.

Q: What's the forecast for the weekend where you live?
A: It'll be sunny on Saturday, but we'll get some rain on Sunday.

Q: 당신이 사는 곳의 주말 일기예보는 어떤가요?
A: 토요일은 날씨가 화창하겠지만, 일요일에는 비가 좀 내릴 거예요.

Check This Out

1) 특정 지역의 일기예보가 궁금할 땐 전치사 "**in**" 또는 "**for**"를 써서 다음과 같이 표현해요.
- What's the forecast in Seoul today? 오늘 서울의 날씨는 어떻대?
- What's today's forecast for London? 일기예보에서는 오늘 런던 날씨 어떻대?

2) "**forecast(일기예보)**"는 "**weather forecast**" 또는 "**weather report**"라고도 해요.

3) 날씨를 예상할 때 "**It's gonna ...**"라고 표현하면 어느 정도 확신을 가지고 말하는 느낌을 주고, "**It'll ...**"이라고 표현하면 근거 없이 즉흥적으로 예상하는 느낌을 줘요. 예를 들어, 일기예보나 누군가의 말을 통해서 날씨를 이미 알고 있거나, 하늘을 본 후 어느 정도의 확신을 가지고 예상하는 경우에는 "**It's gonna ...**"로 표현하고, 그냥 즉흥적으로 입에서 튀어나오는 예상은 "**It'll ...**"로 표현하죠. 하지만 실제 대화 시에는 이 둘을 따로 구분하지 않고 사용하는 경우도 많답니다.

035

It's a bit chilly outside.

바깥에 날이 좀 쌀쌀해.

Gotta Know

A. Let's practice the dialogues using the given information.

A: How's the weather in <u>Seattle</u>?
B: Same as yesterday.
   It's <u>hot and humid</u>.

hot and humid
Seattle

① **cold and dry**
Vancouver

A: It's <u>a bit wet</u> outside.
   / It's <u>a little wet</u> outside.
   / It's <u>a little bit wet</u> outside.
B: Then, take your <u>umbrella</u>
   with you.

wet
umbrella

② **chilly**
jacket

A: It's <u>really clear and cool</u> today.
   ≈ It's <u>very clear and cool</u> today.
B: Then, why don't we go <u>cycling</u>?

clear and cool
cycling

③ **fair and warm**
swimming

Gotta Remember

B. Answer the question below.

Q: How's the weather over there?
A: _____.

A. 주어진 정보를 이용해 다음 대화문들을 연습해봅시다.

| 덥고 습한
/ 시애틀 | A: 시애틀은 날씨가 어때?
B: 어제랑 똑같지. 덥고 습해. | → | ① | 춥고 건조한
/ 밴쿠버 |

| 젖은, 비가 오는
/ 우산 | A: 밖에 비가 좀 내려.
B: 그럼 우산 챙겨 가. | → | ② | 쌀쌀한
/ 재킷 |

| 청량한(맑고 서늘한)
/ 사이클링 | A: 오늘 날씨가 정말 맑고 서늘해.
≈ 오늘 날씨가 아주 맑고 서늘해.
B: 그럼 사이클링 하러 가는 거 어때? | → | ③ | 대체로 맑고 따뜻한
/ 수영 |

B. 다음 응답은 참고용입니다. 질문에 자유롭게 응답해보세요.

Q: How's the weather over there?   Q: 거긴 날씨가 어때요?
A: It's too hot and sticky.   A: 너무 덥고 끈적거려요.

Check This Out

1) "clear"은 구름 한 점 없는 맑은 날씨를 말해요. 반면, 구름이 약간 있어도 대체로 맑은 날씨를 말할 때는 "fair"이라는 표현을 사용하죠.

2) 날씨 묘사 시 사용할 수 있는 비슷한 종류의 표현에는 다음과 같은 것들도 있어요.
   - mild   : 온화한, 포근한
            ex) It's pretty mild outside.   바깥에 날씨가 꽤 포근해.
   - muggy : 무더운, 후덥지근한
            ex) It's really muggy out today.   오늘 바깥 날씨가 정말 후덥지근해.
   - gloomy : 우중충한, 어둑어둑한, 음울한
            ex) I hate gloomy weather. It makes me depressed.
                난 우중충한 날씨가 싫어. 우울해지니까.

3) "muggy"란 정확히 말하면 "unpleasantly hot and humid"라는 뜻으로, 몹시 덥고 습해서 사람의 기분을 불쾌하게 만드는 날씨를 말해요.

4) "gloomy"는 "날이 흐린", "어둑어둑한", "우중충한"이라는 뜻도 있지만, 그로 인해 기분이 울적해진 상태를 의미하기도 해요. 이때는 "음울한", "우울한"이라는 뜻으로 볼 수 있죠.

5) 주관적인 의견이긴 하지만 날씨를 표현할 때는 "좋은(good)", "나쁜(bad)", "기분 좋은 (nice)", "괜찮은(fine)" 등의 표현을 사용할 수도 있어요.

   A: How's the weather outside?   A: 밖에 날씨 어때?
   B: It's pretty nice. Let's go take a walk.   B: 꽤 좋아. 산책하러 가자.

   A: How is the weather over there?   A: 거긴 날씨가 어때?
   B: Not bad. It's around 80 degrees today.   B: 나쁘지 않아. 오늘은 80도
                                                (섭씨 약 26.7도) 정도 돼.

036 What's the temperature?

기온이 몇 도야? / 온도가 몇 도야?

Gotta Know

A. Let's practice the dialogues using the given information.

15°C (= **59°F**)	A: What's the temperature? B: It's 15 degrees (Celsius). / It's 59 degrees (Fahrenheit).

① **35°C** (= **95°F**)

-2°C or **-2°F**	A: How cold is it? B: It's two below. / It's minus two.

② **-8°C** or **-8°F**

-5°C	A: How cold is it outside? B: It's five (degrees) below zero (Celsius). / It's minus five degrees (Celsius).

③ **-10°C**

-13°F	A: How cold is it outside? B: It's 13 (degrees) below zero (Fahrenheit). / It's minus 13 degrees (Fahrenheit).

④ **-4°F**

B. Let's look at the examples and change the sentences accordingly.

ex1) Turn on the heater.　　　　　= Turn the heater on.
ex2) Turn the air conditioner down.　= Turn down the air conditioner.

(1) Turn off the heater.　　　　　 = _____ .
(2) Turn the air conditioner on.　 = _____ .
(3) Turn the heat up.　　　　　　 = _____ .
(4) Turn down the volume.　　　　= _____ .
(5) Turn the radio off.　　　　　 = _____ .
(6) Turn up the A.C.　　　　　　 = _____ .

Gotta Remember

C. Answer the question below.

Q: How cold does it get in the winter where you live?
A: _____ .

A. 주어진 정보를 이용해 다음 대화문들을 연습해봅시다.

섭씨 15도 (= 화씨 59도)	A: (지금) 몇 도야? B: (섭씨) 15도야. / (화씨) 59도야.	→	①	섭씨 35도 (= 화씨 95도)
섭씨 영하 2도 또는 화씨 영하 2도	A: 얼마나 추워? B: 영하 2도야.	→	②	섭씨 영하 8도 또는 화씨 영하 8도
섭씨 영하 5도	A: 바깥에 얼마나 추워? B: (섭씨) 영하 5도야.	→	③	섭씨 영하 10도
화씨 영하 13도	A: 바깥에 얼마나 추워? B: (화씨) 영하 13도야.	→	④	화씨 영하 4도

B. 보기를 참고로 하여 주어진 문장들을 바꿔봅시다.

ex1) 히터 틀어.
ex2) 에어컨 좀 약하게 줄여.

(1) 히터 꺼. → 정답 : Turn the heater off.
(2) 에어컨 틀어. → 정답 : Turn on the air conditioner.
(3) 히터 좀 더 세게 틀어. → 정답 : Turn up the heat.
(4) 볼륨 좀 낮춰. → 정답 : Turn the volume down.
(5) 라디오 꺼. → 정답 : Turn off the radio.
(6) 에어컨 좀 더 세게 틀어. → 정답 : Turn the A.C. up.

C. 다음 응답은 참고용입니다. 질문에 자유롭게 응답해보세요.

Q: How cold does it get in the winter where you live?
A: Not too cold. Maybe around 10 below zero or so.

Q: 당신이 사는 곳은 겨울에 얼마나 추워지나요?
A: 그렇게 많이 추워지진 않아요. 아마 영하 10도 정도일 거예요.

Check This Out

1) 온도는 "1도"일 때를 제외하곤 항상 "degrees"처럼 복수로 표현해요. 즉, "0도"나 소수점 이하까지 표현된 온도를 포함해 모든 온도는 복수로 표현하죠.

2) 히터나 에어컨과 관련해 **turn up**은 "온도를 높이다", **turn down**은 "온도를 낮추다"라는 뜻이에요. "히터 온도를 낮추다"라는 말은 "히터를 좀 약하게 줄이다"라는 뜻이지만, "에어컨 온도를 낮추다"라는 말은 오히려 "에어컨을 좀 더 세게 틀다"라는 뜻이 되니, 헷갈리지 않도록 주의하세요.

3) 온도가 세 자리 숫자인 경우에는 한 자리 숫자와 두 자리 숫자로 나누어서 읽기도 해요. 예를 들어, "102°F"는 "one oh-two"라고 표현하죠. 단, 이렇게 읽는 경우에는 모든 단위를 생략하고 숫자로만 표현해야 해요.

037 What time do you get up?

넌 몇 시에 일어나?

Gotta Know

A. Let's practice the dialogues using the given information.

around 06:30	A: What time do you <u>get up</u>? B: <u>I (usually) get up (at) around 6:30.</u>	→	① about 07:30
before 08:00	A: What time do you <u>wake up</u> in the morning? B: <u>I (usually) wake up</u> before 8:00.	→	② before 06:00

07:00
at the latest
	A: What time do you usually <u>get up</u>
	  on weekdays?
	B: <u>I get up at 7:00 at the latest.</u>
	  (= <u>I get up no later than 7:00.</u>)
		→	③
			05:30
			at the latest

10:30
at the earliest
	A: What time do you usually <u>wake up</u>
	  on weekends?
	B: <u>I wake up at 10:30 at the earliest.</u>
	  (= <u>I wake up no earlier than 10:30.</u>)
		→	④
			11:00
			at the earliest

08:30	A: What time did you <u>get up</u>? B: <u>I got up at 8:30.</u>	→	⑤ 09:30
09:00	A: What time did you <u>wake up</u> this morning? B: <u>I slept in.</u> It was 9:00 when <u>I woke up.</u>	→	⑥ 08:45
not until 02:00 p.m.	A: What time did you <u>get up</u> today? B: <u>I didn't get up</u> until 2:00 p.m.	→	⑦ not before 12:00 p.m.

Gotta Remember

B. Answer the questions below.

(1) Q: What time did you wake up today?

A: _____ .

(2) Q: What time do you usually get up
   on the weekend?

A: _____ .

A. 주어진 정보를 이용해 다음 대화문들을 연습해봅시다.

6시 반쯤	A: 너 몇 시에 일어나? B: 난 (보통) 6시 반쯤(에) 일어나.	① 7시 반쯤
8시 전에	A: 너 아침에 몇 시에 일어나? B: 난 (보통) 8시 전에 일어나.	② 6시 전에
늦어도 7시	A: 넌 평일에 보통 몇 시에 일어나? B: 7시 전엔 일어나.	③ 늦어도 5시 반
빨라도 10시 반	A: 넌 주말에 보통 몇 시에 일어나? B: 10시 반 이후에 일어나.	④ 빨라도 11시
8시 반	A: 너 몇 시에 일어났어? B: 8시 반에 일어났어.	⑤ 9시 반
9시	A: 너 오늘 아침에 몇 시에 일어났어? B: 늦잠 잤어. 일어나보니 9시더라고.	⑥ 8시 45분
오후 2시까지는 아닌	A: 너 오늘 몇 시에 일어났어? B: 오후 2시가 돼서야 일어났어.	⑦ 정오 전에는 아닌

B. 다음 응답들은 참고용입니다. 각 질문에 자유롭게 응답해보세요.

(1) Q: What time did you wake up today?
    A: <u>I overslept. It was 8:10 when I woke up,</u>
    <u>so I was late for work.</u>

Q: 당신은 오늘 몇 시에 일어났어요?
A: 늦잠 잤어요. 8시 10분에 일어나서 회사에 늦었어요.

(2) Q: What time do you usually get up on the weekend?
    A: <u>I get up very late, around 11.</u>

Q: 당신은 보통 주말에 몇 시에 일어나나요?
A: 아주 늦게, 11시경에 일어나요.

Check This Out

1) 사람들이 아침에 가장 먼저 하는 것은 "잠에서 깨는 것"이죠. 이를 영어로는 "**wake up**" 또는 "**get up**"이라고 해요. "**wake up**"은 단지 잠에서 "**깨다**"는 뜻으로, 잠에서 깨더라도 눈을 뜨지 않거나 잠자리에서 일어나지 않을 수도 있죠. 반면, "**get up**"은 잠에서 깬 후 잠자리에서 "**일어나다**"라는 뜻이에요. 이처럼 정확한 의미에는 차이가 있지만 "**wake up**"과 "**get up**"은 보통 함께 이루어지기 때문에 대화 시에는 이 둘을 비슷한 의미로 사용하는 경우도 많답니다.

2) "**방금 (막) 일어났어.**"라고 말하려면 "**just**"를 이용해 "I **just** got up."처럼 표현해요.

3) "**oversleep**"은 의도치 않게 늦잠을 잔 것을 말하는 반면, "**sleep in**"은 자신이 원해서 일부러 늑장 부리며 늦게 일어난 것을 뜻해요. 하지만 보통은 구분 없이 사용될 때도 많죠. 참고로, 자주 사용되진 않지만 "**oversleep**"은 "**sleep late**"라고 표현하기도 해요.

4) "**wake up**"을 이용해 누군가에게 나 좀 깨워달라고 부탁하고 싶을 땐 다음과 같이 표현 하면 돼요.

ex) Can you wake me up tomorrow?   나 내일 좀 깨워줄래?
ex) (Please) Wake me up in time for work.   나 회사에 안 늦게 깨워줘(요).
ex) I'll wake you up at six.   내가 6시에 너 깨워줄게.

038 Did you sleep well last night?
간밤에 잘 잤어?

Gotta Know

A. Let's practice the dialogues. Replace the underlined portions with the sentences in the *Ready-to-Use Boxes*.

(1) A: Did you sleep well last night?
     B: Yeah, <u>I slept like a baby.</u>
        I feel refreshed now.

(2) A: Did you have a good sleep?
     B: Yes, <u>it was great.</u> Thanks for asking.
        Hope you slept well, too.

Ready-to-Use Box
I did.
I had a good sleep.
I had a good night's sleep.
I slept well.
I slept okay.
I slept very soundly.

(3) A: Did you have a good night's sleep?
     B: Not at all. My wrist hurts.
        <u>I must've slept wrong.</u>

Ready-to-Use Box
I must've slept funny.
I must've slept on it wrong.

B. Let's look at the example and make sentences using the given words.

ex) wrist   → My wrist really hurts.   → My wrist is killing me.

(1) neck   → _____ .   → _____ .
(2) arm   → _____ .   → _____ .
(3) back   → _____ .   → _____ .

Gotta Remember

C. Answer the question below.

Q: Did you have a good night's sleep?
A: _____
   _____ .

A. Ready-to-Use Box 속 표현들로 밑줄 부분을 바꿔가며 대화문들을 연습해봅시다.

(1) A: 간밤에 잘 잤어?
　　B: 응, 단잠을 잤어.
　　　 이젠 몸이 개운해.

(2) A: 잘 잤어?
　　B: 응, 아주 잘 잤어.
　　　 물어봐 줘서 고마워.
　　　 너도 잘 잤길 바라.

(3) A: 잘 잤어?
　　B: 전혀. 손목 아파.
　　　 잘 때 이상한 자세로
　　　 잤나 봐.

I did.	잘 잤어. (← 그랬어.)
I had a good sleep.	푹 잘 잤어.
I had a good night's sleep.	푹 잘 잤어. / 숙면을 취했어.
I slept well.	잘 잤어.
I slept okay.	그럭저럭 잘 잤어.
I slept very soundly.	아주 푹 잘 잤어.

I must've slept funny.	이상한 자세로 잤나 봐.
I must've slept on it wrong.	이상한 자세로 잤나 봐.

B. 주어진 단어를 이용해 보기와 같은 문장들을 만들어봅시다.

ex) 손목　　→ 나 손목이 너무 아파.　　　　→ 나 손목 아파 죽겠어.

(1) 목　　→ 정답 : My neck really hurts.　　→ My neck is killing me.
　　　　　　　나 목이 너무 아파.　　　　　　　나 목 아파 죽겠어.

(2) 팔　　→ 정답 : My arm really hurts.　　→ My arm is killing me.
　　　　　　　나 팔이 너무 아파.　　　　　　　나 팔 아파 죽겠어.

(3) 등　　→ 정답 : My back really hurts.　　→ My back is killing me.
　　　　　　　나 등이 너무 아파.　　　　　　　나 등 아파 죽겠어.

C. 다음 응답은 참고용입니다. 질문에 자유롭게 응답해보세요.

Q: Did you have a good night's sleep?　　Q: 잘 잤어요?
A: Not really. I was too worried to get　　A: 별로 잘 못 잤어요. 너무 걱정돼서 잠을 잘
　 any good sleep.　　　　　　　　　　　　 잘 수가 없었어요.

Check This Out

1) "I slept funny last night."은 "난 어젯밤에 웃긴(funny) 자세로 잠을 잤다." 즉 "나 어젯밤에 이상한 자세로 잤어."라는 뜻이에요. "I slept wrong last night."이라고 표현 하기도 하죠. 이를 "I must've slept funny."처럼 표현하면 "나 이상한 자세로 잤나 봐." 처럼 과거의 일을 짐작하는 표현으로 바뀌게 된답니다.

2) 잠이 안 올 때 양을 100마리까지 세어 본 적 있나요? 효과가 있던가요? 사실, 이는 "sleep (잠자다)"과 "sheep(양)"의 발음이 비슷한 것을 이용한 것으로, 실제 우리나라 사람에게는 그리 효과가 없다고 해요.

3) 어딘가가 엄청 아프다고 말할 때는 다음과 같이 표현하기도 해요.
　ex) My right knee hurts a lot.　　나 오른쪽 무릎이 많이 아파.
　ex) My shoulder hurts so bad.　　나 어깨가 너무 아파.
　ex) My tooth hurts like hell.　　나 이빨이 너무너무 아파.

What time do you get home?
너 몇 시에 집에 와?

Gotta Know

A. **Let's practice the dialogues. Replace the underlined sentences with the ones in the *Ready-to-Use Box*.**

(1) A: What time do you get home?
B: <u>I (usually) get home (from work) (at) about six.</u>

(2) A: What time do you get off work?
B: <u>I just got off (work).</u>

(3) A: What time do you get out of work?
B: <u>It's different every day.</u>

(4) A: When are you done with work?
B: <u>I'm done (with work) at seven.</u>

> **Ready-to-Use Box**
>
> It depends on what day it is.
> I (usually) get off (work) at six o'clock.
> I (usually) get out (of work) (at) around five.
> I just got out (of work).
> I just got back (from work).
> I'm getting off (work) in 10 minutes.
> I'll be off (work) at 5:30.
> I'll be done (with work) at five.
> I think I can get off (work) at six.

B. **Let's find the incorrect sentences and correct them.**

(1) Hurry up and get work.
(2) We should get to bed.
(3) I won't get to there in time.
(4) Do you know how to get the mall?
(5) I just got back from the mall.
(6) Get to here on time from now on.

Gotta Remember

C. **Answer the question below.**

Q: What time do you get home?
A: _____ .

A. Ready-to-Use Box 속 표현들로 밑줄 부분을 바꿔가며 대화문들을 연습해봅시다.

(1) A: 너 몇 시에 집에 와?
　　B: 난 (보통) (회사에서) 6시 정도에 귀가해.

(2) A: 너 몇 시에 퇴근해?
　　B: 방금 퇴근했어.

(3) A: 너 몇 시에 일 끝나?
　　B: 매일 매일 달라.

(4) A: 너 언제 일 끝나?
　　B: 7시에 (일) 끝나.

It depends on what day it is.	요일에 따라 달라.
I (usually) get off (work) at six o'clock.	난 (보통) 6시에 퇴근해.
I (usually) get out (of work) (at) around five.	난 (보통) 5시 정도에 (일) 끝나.
I just got out (of work).	나 방금 (일) 끝났어.
I just got back (from work).	나 방금 (일 끝나고) 돌아왔어.
I'm getting off (work) in 10 minutes.	난 10분 있으면 퇴근해.
I'll be off (work) at 5:30.	난 5시 반에 퇴근할 거야.
I'll be done (with work) at five.	난 5시에 (일) 끝날 거야.
I think I can get off (work) at six.	난 6시에 퇴근할 수 있을 것 같아.

B. 잘못된 문장을 찾아 바르게 고쳐봅시다.

(1) 어서 일하러 가.　　　　　　　　　→ 정답 : Hurry up and get to work.
(2) 우리 이만 자야겠다.
(3) 나 10분이면 거기 도착할 수 있을 거야.　→ 정답 : I won't get there in time. (to 삭제)
(4) 너 쇼핑센터에 어떻게 가는지 알아?　→ 정답 : Do you know how to get to the mall?
(5) 나 쇼핑센터 갔다가 방금 돌아왔어.
(6) 앞으론 제시간에 여기 오도록 해.　→ 정답 : Get here on time from now on. (to 삭제)

C. 다음 응답은 참고용입니다. 질문에 자유롭게 응답해보세요.

Q: What time do you get home?
A: Around six, six-thirty maybe.

Q: 당신은 몇 시에 귀가하나요?
A: 아마 6시에서 6시 반 정도 사이일 거예요.

Check This Out

1) "get" 뒤에 장소를 나타내는 부사류가 등장하면 "~에 이르다", "~에 도착하다"라는 뜻이 돼요. "mall(쇼핑센터)"이나 "airport(공항)"처럼 스스로 부사로 사용될 수 없는 장소들은 "get to + 장소"처럼 방향을 나타내는 전치사 "to"를 동반해야 하지만, "home"은 "집", "가정"이라는 명사 뜻 외에 "집으로"라는 부사 뜻도 있기 때문에 그냥 "get home"이라고 하면 "집에 도착하다", "귀가하다"라는 뜻이 되죠. 자주 쓰이는 장소 부사로는 "here(여기에)", "there(거기에, 저기에)", "back(돌아와서, 돌아가서)" 등도 있어요.

2) "get off work"만 제외하고, "퇴근"과 관련된 표현에서 "work"만 "school"로 바꾸면 "하교"와 관련된 표현으로 바뀌어요.

　　ex) get out of work 퇴근하다　　→ get out of school 하교하다

040 | I wonder why.
왜일까...

Gotta Know

A. Let's make sentences using the given questions.

ex1) Are they free tomorrow?	→ I wonder if they're free tomorrow.
ex2) Should I go?	→ I wonder if I should go.

(1) Is it true?   → _____ .
(2) Does he know about this?   → _____ .
(3) Is it even possible?   → _____ .
(4) Can you help me?   → _____ .
(5) Is she really serious?   → _____ .

B. Let's make sentences using the given questions.

ex1) Where is she?	→ I'm (just) wondering where she is.
ex2) What brings him here?	→ I'm (just) wondering what brings him here.

(1) What time is he coming over?
   → _____ .

(2) Why did you do this?
   → _____ .

(3) How much is this?
   → _____ .

(4) When is his birthday?
   → _____ .

(5) Who spread the rumor?
   → _____ .

Gotta Remember

C. Correct the sentences below.

(1) I wonder who is that.   → _____ .
(2) I wonder how old is he.   → _____ .
(3) I wonder why is she late.   → _____ .
(4) I wonder what is his problem. → _____ .

A. 주어진 의문문을 이용해 문장을 만들어봅시다.

ex1) 걔네 내일 시간 있어? → 걔네 내일 시간이 되려나... (궁금하네.)
ex2) 내가 가야 할까? → 내가 가야 할지... (궁금하네.)

(1) (그게) 사실이야? → 정답 : I wonder if it's true.
(그게) (혹시) 사실일까... (궁금하네.)

(2) 걘 이것에 관해 알고 있어? → 정답 : I wonder if he knows about this.
걘 이것에 관해 알고 있으려나... (궁금하네.)

(3) (그게) 가능하긴 해? → 정답 : I wonder if it's even possible.
(그게) 가능하긴 한 건지... (궁금하네.)

(4) 너 나 도와줄 수 있어? → 정답 : I wonder if you can help me.
네가 나를 도와줄 수 있으려나... (궁금하네.)

(5) 걔 정말 진심이야? → 정답 : I wonder if she's really serious.
걔가 정말 진심인 건지... (궁금하네.)

B. 주어진 의문문을 이용해 문장을 만들어봅시다.

ex1) 걘 어디 있어? → 걔 (혹시) 어디 있는 걸까... (궁금하네.)
ex2) 걘 여기 왜 온 거야? → 걔 (혹시) 왜 온 걸까... (궁금하네.)

(1) 걘 몇 시에 와? → 정답 : I'm (just) wondering what time he's coming over.
걔 (혹시) 몇 시에 올까... (궁금하네.)

(2) 너 왜 이런 거야? → 정답 : I'm (just) wondering why you did this.
네가 왜 이렇게 한 건지... (궁금하네.)

(3) 이거 얼마야? → 정답 : I'm (just) wondering how much this is.
이거 (혹시) 얼마일까... (궁금하네.)

(4) 걔 생일은 언제야? → 정답 : I'm (just) wondering when his birthday is.
걔 생일이 언제일까... (궁금하네.)

(5) 누가 그 소문 퍼뜨렸어? → 정답 : I'm (just) wondering who spread the rumor.
누가 그 소문을 퍼뜨린 건지... (궁금하네.)

C. 오늘 학습한 내용을 바탕으로 다음 각 문장을 바르게 고쳐보세요.

(1) 저 사람은 누굴까... (궁금하네.) → 정답 : I wonder who that is.
(2) 걘 몇 살일까... (궁금하네.) → 정답 : I wonder how old he is.
(3) 걔가 왜 늦은 걸까... (궁금하네.) → 정답 : I wonder why she's late.
(4) 걘 뭐가 문제일까... (궁금하네.) → 정답 : I wonder what his problem is.

Check This Out

1) "I wonder ..."은 "... 궁금하네."라는 뜻으로, 누군가로부터 대답을 기대하고 말하는 경우도 있지만, 그냥 혼잣말로 사용하는 경우도 많아요. "I'm (just) wondering ..."처럼 현재진행 시제로 표현하기도 하지만, 의미 차이는 거의 없죠. 뒤에는 궁금한 내용이 등장하는데, "그러한지, 안 그러한지"가 궁금한 것은 "if + 평서문" 형태로, "누가, 언제, 어디서, 무엇을, 어떻게, 왜" 등 구체적인 내용이 궁금한 것은 "의문사 + 평서문" 형태로 표현해줍니다.

Gotta Know

A. Let's practice the dialogues using the given information.

great

A: How're you today?
B: I'm <u>great</u>. How about you?

①
confident

nervous

A: How do you feel?
B: Not great. I feel kind of <u>nervous</u>.

②
stressed

confused

A: How're you feeling?
B: I'm feeling a little <u>confused</u>.

③
lonely

upset

A: How did you feel at the time?
B: I was a bit <u>upset</u>.
　/ I felt a bit <u>upset</u>.
　/ I was feeling a bit <u>upset</u>.

④
shy

sleepy

A: Are you <u>sleepy</u>?
B: Can't you tell by looking at me?

⑤
tired

Gotta Remember

B. Answer the question below.

Q: How do you feel today?
A: _____ .

A. 주어진 정보를 이용해 다음 대화문들을 연습해봅시다.

아주 좋은	A: 너 오늘 기분(/컨디션) 어때? B: 아주 좋아. 넌 어때?	→ ① 자신 있는, 자신감에 찬
긴장한, 초조해하는	A: 너 기분(/컨디션) 어때? B: 썩 좋진 않아. 약간 초조하네.	→ ② 스트레스받은
헷갈리는, 혼란스러운	A: 너 기분(/컨디션) 어때? B: 약간 혼란스러워.	→ ③ 외로운
화난, 불쾌한, 속상한	A: 너 그때 기분이 어땠어? B: 좀 화가 났어.	→ ④ 부끄러운
졸린	A: 너 졸려? B: 보면 몰라?	→ ⑤ 피곤한

B. 다음 응답은 참고용입니다. 질문에 자유롭게 응답해보세요.

Q: How do you feel today?
A: <u>I had 12 hours of sleep and now I feel completely refreshed.</u>

Q: 오늘 기분(/컨디션) 어때요?
A: 잠을 12시간이나 잤더니 지금 완전 개운해요.

Check This Out

1) 보통, 누군가에게 그날의 기분이나 몸 상태를 물어볼 때 "**컨디션 어때?**"라고 묻곤 하죠. 하지만 실제로 "**condition**"이라는 단어는 "**건강 상태**", "**질환**", "**환경**", "**조건**" 등을 의미하는 말로, 그날의 기분이나 몸 상태와는 무관하답니다. "**컨디션 어때?**" 또는 "**기분 어때?**"라고 물을 땐 "**How're you (today)?**", "**How do you feel (today)?**", 또는 "**How're you feeling (today)?**"이라고 해요. 대답 시에도 컨디션이나 기분이 좋을 땐 "**I feel good.**", 별로 안 좋을 땐 "**I don't feel very well.**"이라고 말하죠. 참고로, "**How're you?**"는 지금 당장의 컨디션이나 기분뿐만 아니라 최근의 안부를 묻기 위해 "**어떻게 지내?**"라는 의미로도 쓰인다는 거 아시죠?

2) 보통, 과거의 몸 상태를 묻는 일은 별로 없기 때문에 과거 시제로 표현하게 되면 과거 일에 대한 기분이나 감정을 묻는 표현이 되는 경우가 많아요.

3) 보통, 사전에서 "**upset**"의 의미를 찾아보면 "**속상한**", "**심란한**"이라는 뜻으로 소개되는 경우가 많은데, 물론 그런 뜻으로 쓰이기도 하지만 가장 일반적인 의미는 "**화난**"이라는 뜻이에요. 간혹, "**기분이 언짢은**"이라는 뜻으로 쓰이기도 하죠.

4) 우린 보통 서로 만나면 "**안녕하세요.**", "**식사했어요?**" 정도로 인사하는 경우가 많지만 영어권 국가에서는 한 걸음 더 나아가 "**오늘 기분이 어때요?**"처럼 상대방의 기분까지 물어주는 경우가 많아요. 참 고맙긴 한데, 이런 경우엔 매번 어떻게 대답해야 할지 고민하게 되죠. 하지만 우리가 매번 큰 의미를 두지 않고 "**안녕하세요.**"라고 묻고 "**네, 안녕하세요.**"라고 되묻듯이 영어권 사람들도 매번 상대방의 대답이 다양할 것으로 기대하고 안부를 묻는 것은 아니라서 특별한 경우가 아닌 이상 "**좋다**", "**행복하다**" 등 긍정적으로 대답하면 돼요. 매번 동일한 표현으로 대답해도 전혀 이상할 게 없는 평상시의 인사라고 생각하면 된답니다.

I'm kind of nervous.
나 좀 긴장돼.

A. Let's look at the expressions and place them in the right boxes. (Some expressions can go in both boxes.)

so	kind of
dead	sort of
very	totally
a bit	a little
super	somewhat
pretty	to death
really	a little bit

to some extent	to a high degree

Gotta Remember

B. Complete the dialogues. (Answers may vary.)

(1) A: I'm _____ nervous.
B: Don't be. Just relax and take a deep breath.

(2) A: How do you feel?
B: I feel _____ tired.

(3) A: What do you feel like doing now?
B: I just want to crash. I'm _____ tired.

(4) A: It was _____ exciting.
B: I'm glad you enjoyed it.

(5) A: Let's get some grub.
B: I'm _____ busy right now.

(6) A: Your daughter is _____ cute.
B: Yeah? Thank God she looks like me.

(7) A: You sound dead drunk.
B: No, I'm fine. It's just that I'm feeling _____ tipsy.

A. 다음 표현들을 정도에 따라 분류해봅시다. (아래 내용은 정답입니다.)

"약간"		"정도가 아주 심하게"	
a bit	좀, 조금, 약간	very	매우, 아주, 몹시
a little	좀, 조금, 약간	so	정말, 너무나, 대단히
a little bit	좀, 조금, 약간	pretty	꽤, 상당히
kind of	약간, 어느 정도	really	정말, 진짜
sort of	다소, 어느 정도	totally	아주, 완전히, 전적으로
somewhat	어느 정도, 약간, 다소	super	극도로, 엄청
pretty	어느 정도	dead	되게, 몹시, 완전히
		to death	죽을 지경으로, 죽도록

B. 오늘 학습한 내용을 바탕으로 자유롭게 대화문을 완성해보세요. (정답은 응답자에 따라 다를 수 있음)

(1) → 정답 : kind of   A: 나 좀 긴장돼.
                        B: 그럴 필요 없어. 그냥 맘 편히 갖고 심호흡 한 번 크게 해.

(2) → 정답 : a bit   A: 컨디션 어때?
                        B: 좀 피곤해.

(3) → 정답 : dead   A: 너 지금 뭐 하고 싶어?
                        B: 그냥 쓰러져 자고 싶어. 엄청 피곤해.

(4) → 정답 : really   A: 정말 재미있었어.
                        B: 재밌었다니 다행이야.

(5) → 정답 : sort of   A: 우리 뭐 좀 먹자.
                        B: 나 지금은 좀 바빠.

(6) → 정답 : super   A: 네 딸 엄청 귀엽다.
                        B: 그렇지? 날 닮았기에 망정이지.

(7) → 정답 : a little   A: 너 많이 취한 것 같은데.
                        B: 아니야, 난 괜찮아. 그냥 좀 알딸딸해서 그래.

Check This Out

1) 이번 과에서 소개한 표현 중 "super", "dead", "to death"는 가까운 사이나 편한 대화 상황에서 사용하는 표현이에요. 특히, "dead"는 격식적인 자리에서 입에 담기에 민망한 "졸라", "열라" 수준과 비슷하다고 생각하면 되는데, 다른 표현들과는 달리 일부 형용사 (tired, broke, serious 등) 앞에서만 제한적으로 사용되죠.

2) "to death"는 "죽을 정도까지"라는 의미로, 사물은 죽지 않으므로 사람을 수식할 때(사람이 주어로 등장하는 경우)에만 사용할 수 있어요.

3) "~해서 다행이야"라고 말할 때는 "I'm glad ..."라고 표현해요.
   ex) I'm glad you like it.   (그게) 네 마음에 든다니 다행이야.

I'm afraid of heights.

난 고소공포증이 있어.

Gotta Know

A. Let's complete the sentences using *in*, *of*, *with* or *about*. (Some answers may vary.)

(1) I'm tired _____ him.

(2) He's jealous _____ her.

(3) She's proud _____ you.

(4) I'm embarrassed _____ you.

(5) You should be ashamed _____ yourself.

(6) He's afraid _____ losing his job.

(7) He's scared _____ his mom.

(8) I'm not interested _____ your story.

(9) I'm worried _____ you.

(10) I'm frustrated _____ my girlfriend.

Gotta Remember

B. Complete the dialogues.

(1) A: I'm _____ heights.
B: So, that's why you get so pale
   when you go up high.

(2) A: I'm finally graduating this May.
B: Really? I'm so _____ you.

(3) A: I'm very _____ you.
B: Huh? Why?
A: Well, you have a boyfriend, but I don't.

(4) A: I'm _____ music.
B: Oh yeah? So am I. I'm so into drums nowadays.

C. Answer the question below.

Q: What're you most afraid of?
A: _____ .

A. "in", "of", "with", "about" 중 알맞은 것으로 다음 각 문장을 완성해봅시다. (일부 정답은 응답자에 따라 다를 수 있음)

(1) 난 걔한테 지쳤어. → 정답 : of
(2) 걘 그녀를 부러워해. → 정답 : of
(3) 그녀는 널 자랑스러워해. → 정답 : of
(4) 난 네가 부끄러워. / 난 네가 창피해. → 정답 : of / about
(5) 창피한 줄 알아라. → 정답 : of
(6) 걘 실직할까 봐 두려워하고 있어. → 정답 : of
(7) 걘 자기 엄마를 무서워해. → 정답 : of
(8) 난 네 이야기에 관심 없어. → 정답 : in
(9) 난 네가 걱정돼. → 정답 : about
(10) 난 여자 친구가 짜증 나. → 정답 : with

B. 알맞은 표현으로 다음 각 대화문을 완성해보세요.

(1) A: 난 고소공포증이 있어. → 정답 : afraid of
    B: 그래서 높은 곳에만 가면 얼굴이 창백해지는구나. / scared of

(2) A: 저 드디어 이번 5월에 졸업해요. → 정답 : proud of
    B: 정말? 네가 정말 대견하구나.

(3) A: 난 네가 너무 부러워. → 정답 : jealous of
    B: 응? 왜?
    A: 음, 넌 남자 친구가 있지만, 난 없잖아.

(4) A: 난 음악에 관심 있어. → 정답 : interested in
    B: 오, 그래? 나도 그런데. 난 요즘 드럼에 푹 빠져 있어.

C. 다음 응답은 참고용입니다. 질문에 자유롭게 응답해보세요.

Q: What're you most afraid of?
A: I'm most afraid of cockroaches. I just hate them.

　Q: 당신은 무엇을 가장 무서워하나요?
　A: 전 바퀴벌레를 가장 무서워해요. 정말이지 너무 싫어요.

Check This Out

1) "embarrassed"는 주로 실수해서 창피하거나 쑥스러운 것을 의미하지만, "ashamed"는 나쁜 짓, 또는 하지 말아야 할 행동을 해서 부끄럽거나 수치스러운 걸 의미해요.

2) "afraid"는 다치거나 상처받거나 고통받을까 봐 걱정스럽다는 뜻인 반면, "scared"는 뭔가 안 좋은 일이 생길 것 같아서 걱정스럽다거나 지금 무언가 공포스러움이 느껴진다는 뜻이에요. 하지만 실제 대화에서는 이 둘을 구분하지 않고 사용하는 경우가 상당히 많죠.

044 How do you like it here?
여기 어때? / 이곳 생활은 마음에 들어?

Gotta Know

A. Let's complete the dialogues with the appropriate questions in the box.

> How do you like it here?　　　How do you like the food here?
> How do you like your job?　　How do you like the weather here?
> How do you like my family?

(1) A: _____?
　　B: I absolutely love it. This pizza is the best
　　　 in town.

(2) A: _____?
　　B: I don't like it at all. It's too cold for me.

(3) A: _____?
　　B: I love it. This is my kind of place.

(4) A: _____?
　　B: They're nice. A bit traditional, but nice.

(5) A: _____?
　　B: I hate it. They work me way too much
　　　 for so little pay.

Gotta Remember

B. Make any sentences you want using the phrase "How do you like ...?"

(1) How do you like _____?
(2) How do you like _____?
(3) How do you like _____?
(4) How do you like _____?

C. Answer the question below.

Q: How do you like your work?
A: _____
　 _____.

A. 상자 속 질문 중 알맞은 것을 이용해 다음 각 대화문을 완성해봅시다.

How do you like it here?	여기 어때? / 이곳 생활은 마음에 들어?
How do you like your job?	직장은 어때? / 직장은 마음에 들어?
How do you like my family?	우리 가족 어때? / 우리 가족은 마음에 들어?
How do you like the food here?	여기 음식 어떤 거 같아? / 여기 음식은 마음에 들어?
How do you like the weather here?	여기 날씨 어떤 거 같아? / 여기 날씨는 마음에 들어?

(1) A: 여기 음식 어떤 거 같아?   → 정답 : How do you like the food here?
     B: 끝내주게 마음에 들어. 이 집 피자가
       이 동네에서 최고야.

(2) A: 여기 날씨 어떤 거 같아?   → 정답 : How do you like the weather here?
     B: 전혀 마음에 안 들어. 난 너무 추워.

(3) A: 여기 마음에 들어?   → 정답 : How do you like it here?
     B: 엄청 좋아. 마음에 쏙 드는 곳이야.

(4) A: 우리 가족 어때?   → 정답 : How do you like my family?
     B: 좋은 분들이네. 조금 보수적인 면이
       있긴 하지만 좋아.

(5) A: 직장은 마음에 들어?   → 정답 : How do you like your job?
     B: 정말 싫어. 급여는 쥐꼬리만큼
       주면서 엄청 부려먹거든.

B. 다음 문장들은 참고용입니다. "How do you like ...?"를 이용해 자유롭게 문장을 만들어보세요.

(1) How do you like <u>it so far</u>?   지금까진 어때? / 지금까진 마음에 들어?
(2) How do you like <u>this dress</u>?   이 드레스 어때? / 이 드레스는 마음에 들어?
(3) How do you like <u>Wednesday</u>?   수요일 어때? (괜찮아?)
(4) How do you like <u>living in Seoul</u>?   서울 생활 어때? / 서울 생활은 괜찮아?

C. 다음 응답은 참고용입니다. 질문에 자유롭게 응답해보세요.

Q: How do you like your work?   Q: 지금 하는 일은 어때요?
A: <u>I don't really like it. It's too stressful for me.</u>   A: 딱히 마음에 안 들어요.
                                   너무 스트레스예요.

Check This Out

1) "How do you like ...?"라고 물으면 무언가 또는 누군가에 대한 상대방의 느낌이나 생각, 또는 감정을 묻는 유용한 표현이 돼요. 이때는 "넌 ~을 어떻게 좋아해?"라는 뜻이 아니라 "~ 어때?", "~ 어떤 것 같아?", "~ 어떻게 생각해?", "~은 마음에 들어?"라는 뜻으로, "How do you feel about ...?" 또는 "What do you think about ...?"과 거의 같은 뜻이라고 볼 수 있죠.

2) 우리 말에서는 무언가에 대한 느낌이나 생각을 물을 때 "지금까지" 어떤지 묻는 경우가 드물지만, 영어에선 자주 들을 수 있어요. 이 경우 "How do you like it so far? (지금까진 어때?)"처럼 끝에 "so far"를 붙여주죠.

A. Let's complete the dialogues with the appropriate questions in the box.

> How do you open this?   How do you use this washer?
> How do you turn this on?   How do you get to work?
> How do you know her?

(1) A: _____?
    B: We went to high school together.

(2) A: _____?
    B: You have to twist it open.

(3) A: _____?
    B: I usually walk to work unless it rains
       or snows.

(4) A: _____?
    B: You just have to tap here twice, like this.

(5) A: _____?
    B: All you've got to do is press this button right here.

B. Let's look at the example and change the questions accordingly.

ex) How do you use this?   → How do I use this?

(1) How do you eat this?   → _____?
(2) How do you pronounce this?   → _____?
(3) How do you lock this door?   → _____?
(4) How do you turn this off?   → _____?
(5) How do you tell the difference? → _____?

C. Answer the question below.

Q: How do you study English?

A: _____

_____ .

A. 상자 속 질문 중 알맞은 것을 이용해 다음 각 대화문을 완성해봅시다.

> How do you open this?   이거 어떻게 열어?
> How do you turn this on?   이거 어떻게 켜?
> How do you know her?   (너) 걔 어떻게 알아?
> How do you use this washer?   이 세탁기 어떻게 사용하는 거야?
> How do you get to work?   (너) 직장에 어떻게 가? / (너) 뭐 타고 출근해?

(1) A: 너 걔 어떻게 알아?   → 정답 : How do you know her?
　　B: 고등학교 같이 다녔어.

(2) A: 이거 어떻게 열어?   → 정답 : How do you open this?
　　B: 돌려서 열어야 해.

(3) A: 넌 뭐 타고 출근해?   → 정답 : How do you get to work?
　　B: 보통, 비나 눈이 안 오면 걸어서 출근해.

(4) A: 이거 어떻게 켜?   → 정답 : How do you turn this on?
　　B: 이렇게 여기 두 번 치기만 하면 돼.

(5) A: 이 세탁기 어떻게 쓰는 거야?   → 정답 : How do you use this washer?
　　B: 바로 여기 있는 이 버튼만 누르면 돼.

B. 보기를 참고로 하여 주어진 문장들을 바꿔봅시다.

ex) 이거 어떻게 사용하지?

(1) 이거 어떻게 먹지?   → 정답 : How do I eat this?
(2) 이거 어떻게 발음하지?   → 정답 : How do I pronounce this?
(3) 이 문 어떻게 잠그지?   → 정답 : How do I lock this door?
(4) 이거 어떻게 끄지?   → 정답 : How do I turn this off?
(5) 어떻게 구별하지?   → 정답 : How do I tell the difference?

C. 다음 응답은 참고용입니다. 질문에 자유롭게 응답해보세요.

Q: How do you study English?
A: I usually pick out some useful sentences and read them out loud until I have them memorized.

　Q: 당신은 영어 공부를 어떻게 하나요?
　A: 전 보통 유용한 문장을 골라서 외워질 때까지 큰 소리로 읽어요.

Check This Out

1) "How do you …?"는 주로 무언가의 방법을 물을 때 사용되는 표현이에요. "you"를 주어로 사용하긴 하지만 상황에 따라 상대방의 방법이 아닌 일반적인 사람들의 방법을 묻는 의미로도 쓰일 수 있는데, 이 경우엔 "How do I …?"라고 표현하기도 한답니다.

046

You look really tired.

너 정말 피곤해 보여.

Gotta Know

A. Use the *Cheat Box* to fill in the blanks.

① A: You look really _____.
B: I was up all night working.

② A: You look pretty _____.
B: I am. I can't be late again.

Cheat Box

angry
drunk
tired
worried
terrified
disappointed

③ A: You sound _____.
B: I'm just sleepy. That's all.

④ A: You sound a bit _____.
B: How can I not be? He called me fat.

⑤ A: You seem _____.
B: I can't help it. I got an F.

⑥ A: You seem _____.
B: I think I just saw a ghost.

Gotta Remember

B. Describe each person below. (Answers may vary.)

Freddy

Lauren

Jack

Emmy

① Freddy looks _____.
② Lauren looks _____.
③ Jack seems _____.
④ Emmy seems _____.

A. Cheat Box 속 표현들로 빈칸을 채워보세요.

① A: 너 정말 피곤해 보여.
B: 밤새 일해서 그래.
→ 정답 : tired

② A: 너 걱정이 좀 많아 보여.
B: 응. 또 늦으면 안 되거든.
→ 정답 : worried

③ A: 너 취한 것 같은데.
B: 그냥 졸려서 그래. 그뿐이야.
→ 정답 : drunk

④ A: 너 약간 화난 목소리네.
B: 어떻게 화가 안 나겠어. 걔가 나더러 뚱뚱하다는데.
→ 정답 : angry

⑤ A: 너 실망했나 보네.
B: 당연하지. F 받았는데.
→ 정답 : disappointed

⑥ A: 너 겁에 질린 것 같은데.
B: 나 방금 귀신 본 것 같아.
→ 정답 : terrified

B. 그림 속 인물들의 인상을 자유롭게 묘사해보세요.

① Freddy looks <u>funny</u>.   프레디는 우스꽝스러워 보여.
② Lauren looks <u>sick</u>.   로렌은 아파 보여.
③ Jack seems <u>ashamed</u>.   잭은 창피한가 봐.
④ Emmy seems <u>strict</u>.   에미는 엄격한 듯해.

Check This Out

1) "look"은 눈으로 봤을 때 느껴지는 인상을, "sound"는 귀로 들었을 때 느껴지는 인상을, 마지막으로 "seem"은 모든 것을 종합했을 때 전체적으로 느껴지는 인상을 말할 때 사용해요.

2) 대화 시에는 빨리 말하거나 간단히 말하려다 보니 "It looks ...", "It sounds ...", "It seems ..."와 같은 문장들은 주어 "it"을 빼고 말하거나, 혹은 의도하지 않더라도 "it"이 안 들리는 경우가 많아요.
   ex) Looks pretty expensive.   꽤 비싸 보이네.
   ex) Sounds hard.   어렵겠네.
   ex) Seems nice.   좋아 보이네.

3) 덜 일반적이긴 해도 "seem + 형용사"는 "seem to be + 형용사"로 표현하기도 해요.
   ex) She seems to be tired.   걔 피곤해 보여.
   ex) It seems to be true.   (그거) 사실인 것 같아.

4) "seem to be ..."라고 표현할 때는 뒤에 형용사 외에 다른 것들도 등장할 수 있어요.
   ex) He seems to be a good guy.   그는 좋은 사람인 듯해.
   ex) He seems to be in love with you.   그가 너한테 반했나 봐.
   ex) She seems to be ignored a lot.   걘 많이 무시당하는 듯해.

5) "seem to" 뒤에는 "be" 외에 다른 동사들도 등장할 수 있어요.
   ex) He seems to like meat a lot.   걘 고기를 많이 좋아하는 것 같아.
   ex) She seems to really hate you.   걘 널 정말 싫어하는 눈치야.
   ex) She seemed to like me.   걔가 날 좋아하는 눈치였어.

047

I had so much fun today.

오늘 정말 즐거웠어.

A. Let's complete the sentences using *fun*, *funny* or *lame*.

(1) Talking to you is always _____.

(2) He always makes _____ jokes. He's like a comedian.

(3) This soup tastes a little _____.

(4) I'm sorry but your boyfriend is _____ as hell.

(5) Something smells _____.

(6) I had so much _____ today.

(7) Stop making _____ jokes.

(8) My stomach feels _____.

(9) My falling down was not _____!

(10) Learning English is _____.

Gotta Remember

B. Complete the dialogues.

(1) A: Bill is so _____.
B: I know. He's a riot.

(2) A: Life is so much _____ when I'm with you.
B: I feel the same way.

(3) A: What's so _____?
B: It's you. You have something on your face.

(4) A: Is it just me, or does this smell _____?
B: I think this milk has gone bad.

(5) A: How was your trip?
B: It was _____.

(6) A: Those jokes were hilarious.
B: I know. Paul is a _____ guy.

A. "fun", "funny", "lame" 중 알맞은 것으로 다음 각 문장을 완성해가며 "fun"과 "funny"의 의미 차이는 물론, "lame"의 의미도 함께 배워봅시다.

(1) 너와 이야기하면 항상 즐거워.　　　　　　　　　　→ 정답 : fun
(2) 걘 늘 웃긴 농담을 해. 코미디언 같아.　　　　　　→ 정답 : funny
(3) 이 수프는 맛이 좀 이상해.　　　　　　　　　　　→ 정답 : funny
(4) 미안하지만, 네 남친은 더럽게 썰렁해.　　　　　　→ 정답 : lame
(5) 뭔가 야리꾸리한 냄새가 나. / 뭔가 이상한 냄새가 나.　→ 정답 : funny
(6) 오늘 정말 즐거웠어. / 오늘 정말 좋은 시간 보냈어.　→ 정답 : fun
(7) 썰렁한 농담 그만해.　　　　　　　　　　　　　　→ 정답 : lame
(8) 나 속이 안 좋아.　　　　　　　　　　　　　　　→ 정답 : funny
(9) 내가 넘어진 건 하나도 재미없었거든!　　　　　　→ 정답 : funny
(10) 영어 공부는 재미있어.　　　　　　　　　　　　→ 정답 : fun

B. 알맞은 표현으로 다음 각 대화문을 완성해보세요.

(1) A: 빌은 정말 웃긴 놈이야.　　　　　　　　　　　→ 정답 : funny
　　 B: 그러게. 걘 진짜 재밌는 놈이야.

(2) A: 너랑 있으면 사는 게 정말 즐거워.　　　　　　→ 정답 : fun
　　 B: 나도 그래.

(3) A: 뭐가 그리 웃겨?　　　　　　　　　　　　　　→ 정답 : funny
　　 B: 너. 네 얼굴에 뭐가 묻었어.

(4) A: 나만 그런가? 아니면 이거 네가 맡아봐도 냄새가 이상해?　→ 정답 : funny
　　 B: 이 우유는 상한 것 같아.

(5) A: 여행은 어땠어?　　　　　　　　　　　　　　　→ 정답 : fun
　　 B: 재미있었어.

(6) A: 그 농담들은 아주 웃겼어.　　　　　　　　　　→ 정답 : funny
　　 B: 그러게. 폴은 재밌는 애야.

Check This Out

1) "funny(우스운, 웃기는)"는 "fun(재미있는, 즐거운)"과 자주 혼동되는 표현이에요. 물론, "fun"은 "재미"라는 명사로도 사용될 수 있다는 뚜렷한 차이가 있긴 하지만, 형용사로 사용될 때는 많이 헷갈려 하죠. 둘을 구분하자면, "fun"은 어떤 상황이나 대상, 활동 등이 "즐길만한", "즐거운"이라는 뜻으로 쓰이는 반면, "funny"는 어떤 사람의 말이나 행동이 재미있거나 혹은 어이가 없는 경우에 사용하는 표현이에요.

2) "funny"는 무언가의 맛이나 냄새가 이상하거나 몸이 안 좋을 때도 쓰여요.
　　 ex) This soup tastes funny.　　 이 수프는 맛이 좀 이상해.

3) "안 웃겨.", "재미없어."라고 말할 땐 간단히 "not funny"라고 표현할 수도 있지만, "lame (썰렁한)"이라고 말하기도 하며, 너무 썰렁해서 얼어버릴 것 같은 경우에는 "lame as hell"이라고 표현하기도 해요.

4) "funny"를 강조하고 싶을 때는 "very funny" 또는 "hilarious"라고 표현해요.

048

What're you like?

넌 성격이 어때?

A. Let's practice the dialogues using the given information.

A: What's <u>Sylvia</u> like? B: <u>She's cranky.</u>	A: What's <u>Irvin</u> like? B: <u>He seems reserved.</u>
A: What's <u>Elliott</u> like? B: <u>I think he's a serious guy.</u>	A: What's <u>Lucy</u> like? B: <u>She seems like an indecisive person.</u>

① Wendy — outgoing
② Randy — easy-going
③ Russell — friendly
④ Bella — open-minded
⑤ Sasha — chatty
⑥ Chris — childish
⑦ Frank — honest
⑧ Whitney — selfish
⑨ Arthur — stubborn
⑩ Skyla — impatient
⑪ Leon — sociable
⑫ Aubrey — laid-back

Gotta Remember

B. Answer the question below.

Q: What're you like?

A: _____.

A. 주어진 정보를 이용해 다음 대화문들을 연습해봅시다.

A: 실비아는 어떤 사람이야? B: 까칠해. / 까탈스러워.	① 웬디 / 활달한, 외향적인 ② 랜디 / 털털한, 태평한, 느긋한 ③ 러셀 / 다정한, 친절한, 우호적인
A: 엘리엇은 어떤 사람이야? B: 매사에 진지한 남자 같아.	④ 벨라 / 마음(생각)이 열린, 편견이 없는 ⑤ 사샤 / 말이 많은, 수다스러운 ⑥ 크리스 / 유치한, 애 같은
A: 어빈은 어떤 사람이야? B: 내성적인 것 같아.	⑦ 프랭크 / 정직한 ⑧ 휘트니 / 이기적인 ⑨ 아서 / 고집이 센, 고집스러운, 완고한
A: 루시는 어떤 사람이야? B: 우유부단한 사람 같아.	⑩ 스카일러 / 인내심이 부족한, 안달하는 ⑪ 리안 / 붙임성이 좋은 ⑫ 오브리 / 느긋한

B. 다음 응답은 참고용입니다. 질문에 자유롭게 응답해보세요.

Q: What're you like?
A: <u>What am I like? Well, I'd like to
think that I'm outgoing and sociable.</u>

Q: 당신은 어떤 사람인가요?
A: 제가 어떤 사람이냐고요? 글쎄요, 외향적이고
붙임성 좋은 사람이라고 생각하고 싶군요.

Check This Out

1) 성격을 묻는 정확한 표현은 "**What's your personality (like)?**"이지만, 회화 시엔 간단히 "**What're you like?**"라고 묻는 경우가 더 많아요. 단, "**What're you like?**"는 성격 외에도 외모 등 다른 것을 묻는 의미일 수도 있다는 점을 기억하고 있어야겠죠?

2) "**심각한**"이라는 뜻의 "**serious**"도 사람의 성격을 묘사할 때 사용할 수 있어요. 누군가의 성격을 묘사할 때 "**심각하다**"는 말은 "**매사에 진지하여 허투루 하는 말 없이 자신의 말에 책임을 질 줄 안다**"는 의미로 볼 수 있겠죠? 이외에도 "**serious**"는 가볍지 않고 진지한 관계나 말 등을 묘사할 때도 사용돼요. 참고로, "**serious**"의 부사 꼴은 "**seriously**"인데, 누군가의 말에 대해 "**진담이야?**", "**진심이야?**", "**(농담 아니고) 진짜로?**"라고 묻고 싶을 때는 간단히 "**Seriously?**"라고 표현하면 된답니다.

3) 성격 묘사 시 자주 사용되는 형용사에는 다음과 같은 것들도 있어요.

• nice	좋은, 다정한, 친절한	• polite	공손한, 정중한, 예의 바른
• kind	친절한	• rude	무례한, 예의 없는
• shy	부끄러움이 많은	• gullible	귀가 얇은
• humble	겸손한	• hot-headed	성급한, 성미가 급한
• naive	순진한, 세상 물정 모르는	• grumpy	성격이 나쁜, 팩팩거리는
• lovable	사랑스러운	• mean	짓궂은, 심술궂은, 못된
• bubbly	발랄한, 쾌활한	• moody	기분 변화가 심한
• talkative	말이 많은	• conservative	보수적인
• hard-working	근면한, 부지런한	• old-fashioned	구식의, 고리타분한
• diligent	근면한, 성실한	• down-to-earth	허세나 과장이 없는,
• lazy	게으른		겸손한, 현실적인

049

What color is your car?

네 차는 무슨 색이야?

Gotta Know

A. Let's practice the dialogues using the given information.

A: What color do you like (the) best? B: I like <u>ivory</u> (the) best.	A: How about <u>red</u>? B: I don't like it.
① cobalt	② gold	③ gray	④ copper

A: What's your favorite color? / What color is your favorite? B: It's <u>yellow</u>.	A: What's your least favorite color? / What color is your least favorite? B: It's <u>purple</u>.
⑤ silver	⑥ sky blue	⑦ charcoal	⑧ chocolate

A: You look great in <u>pink</u>. B: Thanks. That's my power color.	A: <u>Blue</u> looks good on you. B: Thank you. That's my color.
⑨ orange	⑩ beige	⑪ champagne	⑫ violet

A: What color is your <u>car</u>? B: It's <u>black</u>.	A: What's the color of your <u>cap</u>? B: It's <u>green</u>.

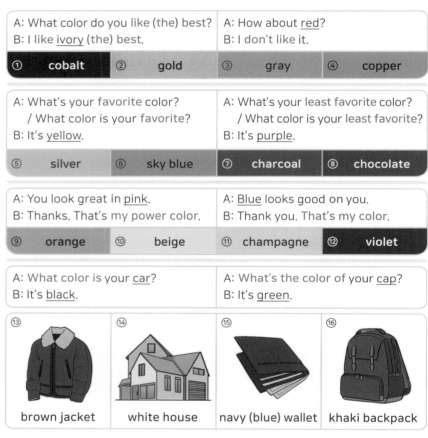

⑬ brown jacket	⑭ white house	⑮ navy (blue) wallet	⑯ khaki backpack

Gotta Remember

B. Answer the question below.

Q: What's your power color?

A: _____ .

A. 주어진 정보를 이용해 다음 대화문들을 연습해봅시다.

A: 넌 무슨 색을 제일 좋아해? B: 난 아이보리색을 제일 좋아해.		A: 빨간색 어때? B: 난 그 색 싫어.	
① 코발트색	② 금색	③ 회색	④ 동색
A: 네가 제일 좋아하는 색은 뭐야? / 네가 제일 좋아하는 색은 무슨 색이야? B: 노란색이야.		A: 네가 제일 싫어하는 색은 뭐야? / 네가 제일 싫어하는 색은 무슨 색이야? B: 보라색이야.	
⑤ 은색	⑥ 하늘색	⑦ 암회색	⑧ 초콜릿색
A: 넌 분홍색이 아주 잘 어울리네. B: 고마워. 그게 내가 제일 잘 받는 색이야.		A: 파란색이 너한테 잘 어울리네. B: 고마워. 난 그 색이 잘 받아.	
⑨ 오렌지색	⑩ 베이지색	⑪ 샴페인색	⑫ 바이올렛색
A: 네 차는 무슨 색이야? B: 검은색이야.		A: 네 모자 색은 뭐야? B: 초록색이야.	
⑬ 갈색 재킷	⑭ 하얀 집	⑮ 남색 지갑	⑯ 카키색 백팩

B. 다음 응답은 참고용입니다. 질문에 자유롭게 응답해보세요.

Q: What's your power color?
A: <u>My friends say I look great in white. I think it's my power color.</u>

　Q: 당신은 어떤 색이 가장 잘 받나요?
　A: 친구들은 제가 하얀색 옷을 입으면 아주 잘 어울린다고 해요.
　　그게 저한테 가장 잘 받는 색인 것 같아요.

Check This Out

1) 색을 의미하는 어휘들은 대부분 명사와 형용사 둘 다로 이용될 수 있어요. 예를 들어, "white"는 "흰색"이라는 명사 뜻도 있고, "하얀", "흰색의"라는 형용사 뜻도 있답니다.

2) "회색"이라는 뜻의 단어는 "gray"라고도 표현하기도 하고, "grey"라고도 표현하기도 해요. 보통, 미국에서는 대부분 "gray"라고 표현하며, 그 외 영어권 국가에서는 "grey"가 훨씬 더 일반적이죠.

3) 우리말로 옮길 때 "purple"도 "보라색", "violet"도 "보라색"으로 옮겨지는 경우가 많아서 이 둘을 헷갈려 하는 사람들이 많아요. 개념 자체가 약간 달라서 둘을 딱 구분하긴 어렵지만 "violet"이 "남빛을 띤 보라색"에 가깝다면 "purple"은 "붉은빛을 띤 보라색"에 가까우며, 우리가 그냥 보라색이라고 할 때는 "purple"을 의미하는 경우가 많죠.

4) 저마다 다른 색들에 비해 자신에게 "더 잘 어울리는 색"이 한두 개쯤 있죠? 이런 색을 소개할 때 "... is my color."이라고 표현해요. 비슷한 의미이긴 한데, 자신에게 "가장 잘 어울리는 색"은 "my power color"이라고 표현한답니다.

5) 색에 관해 이야기할 때는 종종 그 색이 옅은지, 짙은지, 어두운지 등 다소 주관적인 표현들을 추가하기도 하는데, 이때 주로 사용되는 표현에는 "light(밝기가 밝거나 짙기가 옅은)", "dark(밝기가 어두운)", "deep(짙기가 짙은, 진한)" 등이 있어요.

050 What does he look like?

걘 어떻게 생겼어?

Gotta Know

A. Let's practice the dialogues using the given information.

A: What does <u>Eddie</u> look like?	A: What does <u>Fiona</u> look like?
B: <u>He's pretty tall and handsome.</u>	B: <u>She's slender and very attractive.</u>

① ② ③ ④ ⑤ ⑥ ⑦ ⑧

① **Brodie** / tall with a medium build
② **Carson** / well-built and good-looking
③ **Felix** / kind of fat and ugly
④ **Patrick** / skinny with an average height
⑤ **Bridget** / a little thin and cute
⑥ **Alexia** / a bit short and pretty
⑦ **Dixie** / slim and beautiful
⑧ **Heaven** / average height and plump

B. Here are various ways to refer to a person of a medium build. Let's complete the sentences on the right using *medium*.

• He's average-built.		• He's ① _____.
• He's an average build.	=	• He's ② _____.
• He's of average build.		• He's ③ _____.
• He's of an average build.		• He's ④ _____.

Gotta Remember

C. Answer the question below.

Q: What does your favorite person in the world look like?
A: _____.

A. 주어진 정보를 이용해 다음 대화문들을 연습해봅시다.

A: 에디는 어떻게 생겼어? B: 키가 꽤 크고 잘생겼어.	A: 피오나가 어떻게 생겼는지 설명해줄래? B: 호리호리하고 아주 매력적이야.
① 브로디 / 보통 체격에 키가 큰 ② 카슨 / 체력이 좋고 잘생긴 ③ 필릭스 / 약간 뚱뚱하고 못생긴 ④ 패트릭 / 보통 키에 깡마른	⑤ 브리짓 / 약간 마르고 귀여운 ⑥ 알렉시아 / 약간 작고 예쁜 ⑦ 딕시 / 날씬하고 아름다운 ⑧ 헤븐 / 보통 키에 통통한

B. 다음은 보통 체격인 사람을 묘사하는 방법입니다. "medium"을 이용해 우측 문장들을 완성해보세요.

• 걘 보통 체격이야. (좌우 총 8개 문장 모두 번역 동일)	① → 정답 : medium-built ② → 정답 : a medium build ③ → 정답 : of medium build ④ → 정답 : of a medium build

C. 다음 응답은 참고용입니다. 질문에 자유롭게 응답해보세요.

Q: What does your favorite person in the world look like?
A: She's a little short and plump. She's a real cutie.

  Q: 당신이 세상에서 가장 좋아하는 사람은 어떻게 생겼는지 설명해주겠어요?
  A: 그녀는 키가 좀 작고 통통해요. 정말 귀엽죠.

Check This Out

1) 날씬한 사람을 가리키는 대표적인 표현으로는 "slim", "slender", "thin", "skinny"가 있어요. 미묘한 차이가 있긴 해도, 네 표현 모두 일반적으로는 같은 의미로 사용되죠. 특히, "skinny"의 경우엔 "very thin"이라는 뜻이라서 나머지 표현들과 날씬한 정도가 다를 것 같지만, 이마저도 같은 의미로 사용되는 경우가 많답니다.

2) 한때는 잘생긴 여성에게도 "handsome"이라는 말을 사용하고, 예쁘장하게 생긴 남성에게도 "pretty"라는 말을 사용하기도 했지만, 요즘엔 대게 "handsome"은 남성을 위한 표현, "pretty"는 여성을 위한 표현으로 사용돼요. "beautiful"도 여성을 위한 표현으로 사용하지만, 어린아이에게는 남녀 구분 없이 사용하기도 하며, 눈이나 머리카락과 같은 신체의 특정 부위를 말할 때도 남녀 구분 없이 사용하죠. 참고로, 남녀 구분 없이 사용할 수 있는 일반적인 표현에는 "good-looking(잘생긴/예쁜)", "nice-looking(착해 보이는/잘생긴/예쁜)"이라는 것이 있어요.

3) "엄청 이쁘다", "정말 귀엽다", "몸매가 좋다" 등등 누군가의 외모를 칭찬하는 표현에는 다음과 같은 것들이 있어요.

• She's a knockout.	걘 뿅 갈 정도로 예뻐.
• She's a real beauty.	그녀는 절세미인이야.
• She's a real babe.	그녀는 매력적인 여자야.
• She's drop-dead gorgeous.	그녀는 아주 매력적이야.
• He's a babe magnet.	그는 매력적인 남자야.
• He's a real cutie.	걘 정말 귀염둥이야. / 걘 정말 귀여워.
• He's hot!	걘 엄청 섹시해! / 걘 엄청 매력적이야.

051 What happened to your eyes?
너 눈이 왜 그래?

Gotta Know

A. Use the *Cheat Box* to fill in the blanks.

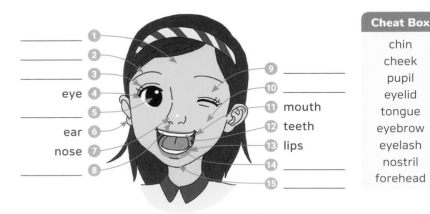

Cheat Box
chin
cheek
pupil
eyelid
tongue
eyebrow
eyelash
nostril
forehead

1. _____
2. _____
3. _____
4. eye
5. _____
6. ear
7. nose
8. _____
9. _____
10. _____
11. mouth
12. teeth
13. lips
14. _____
15. _____

B. Let's look at the example and change the sentences accordingly.

ex) What happened to your face?　　= What's up with your face?

(1) What happened to your eyes?　　= _____ ?
(2) What happened to your lips?　　= _____ ?
(3) What happened to your forehead? = _____ ?

Gotta Remember

C. Make any sentences you want using the given phrases.

(1) What happened to _____ ?
(2) What happened to _____ ?
(3) What's up with _____ ?
(4) What's up with _____ ?

D. Answer the question below.

Q: Which of your physical features are you most proud of and why?
A: _____ .

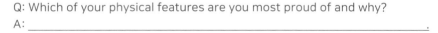

A. Cheat Box 속 표현들로 빈칸을 채워보세요.

① 이마　　　　　→ 정답 : forehead　　　⑨ 눈꺼풀　　→ 정답 : eyelid
② 눈썹　　　　　→ 정답 : eyebrow　　　⑩ 볼, 뺨　　→ 정답 : cheek
③ 속눈썹　　　　→ 정답 : eyelash　　　⑪ 입
④ 눈　　　　　　　　　　　　　　　⑫ 이, 이빨
⑤ 눈동자, 동공　→ 정답 : pupil　　　⑬ 입술
⑥ 귀　　　　　　　　　　　　　　　⑭ 혀　　　　→ 정답 : tongue
⑦ 코　　　　　　　　　　　　　　　⑮ 턱　　　　→ 정답 : chin
⑧ 콧구멍　　　　→ 정답 : nostril

B. 보기를 참고로 하여 주어진 문장들을 바꿔봅시다.

ex) 너 얼굴이 왜 그래? / 너 얼굴이 어찌 된 거야?

(1) 너 눈이 왜 그래?　　/ 너 눈이 어찌 된 거야?　→ 정답 : What's up with your eyes?
(2) 너 입술이 왜 그래? / 너 입술이 어찌 된 거야? → 정답 : What's up with your lips?
(3) 너 이마가 왜 그래? / 너 이마가 어찌 된 거야? → 정답 : What's up with your forehead?

C. 다음 문장들은 참고용입니다. 주어진 표현들을 이용해 자유롭게 문장을 만들어보세요.

(1) What happened to you?　　　　　　너 왜 그래? / 무슨 일 있어?
(2) What happened to your cell phone?　네 핸드폰 왜 그래? / 네 핸드폰 왜 그 모양이야?
(3) What's up with your hat?　　　　　네 모자가 왜 그래? / 네 모자 꼴이 그게 뭐야?
(4) What's up with this place?　　　　여기가 왜 이래? / 여기가 왜 이 모양이야?

D. 다음 응답은 참고용입니다. 질문에 자유롭게 응답해보세요.

Q: Which of your physical features are you most proud of and why?
A: My lips. My friends tell me that I have beautiful, full lips.

　Q: 자신의 신체 특징 중 가장 자신 있는 부분은 어디이며, 그 이유는 무엇인가요?
　A: 입술요. 친구들 말이, 제 입술이 도톰하고 아름답대요.

Check This Out

1) 사전을 보면 "brow"도 "forehead"처럼 "이마"라는 뜻으로 사용할 수 있다고 소개돼요.
   하지만, 실제 대화에서는 "brow"를 "이마"라는 의미로 사용할 일이 거의 없답니다. 대신
   "eyebrow"를 줄인 표현으로는 간혹 사용되죠.
2) "pupil"은 주로 나이 어린 학생들을 가리키지만, 신체와 관련해서는 "눈동자", "동공"이라는
   뜻으로 사용돼요.
3) "What happened (to ...)?"나 "What's up (with) ..."은 걱정스러울 때뿐만 아니라
   뭔가가 궁금할 때도 사용해요.
   A: Just out of curiosity, what happened to your mom's car?
   B: Someone rear-ended it.
   　A: 그냥 궁금해서 그러는데, 너희 엄마 차는 왜 저래?
   　B: 누가 뒤에서 들이받았어.

052

Put your hands up!

손들어!

A. Use the *Cheat Box* to fill in the blanks.

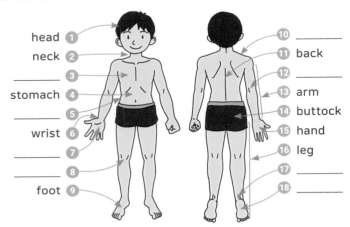

head ❶
neck ❷
_____ ❸
stomach ❹
_____ ❺
wrist ❻
_____ ❼
_____ ❽
foot ❾

❿ _____
⓫ back
⓬ _____
⓭ arm
⓮ buttock
⓯ hand
⓰ leg
⓱ _____
⓲ _____

Cheat Box

knee
palm
sole
ankle
chest
elbow
waist
shoulder

B. Use the *Cheat Box* to fill in the blanks.

(1) _____ your hands up!
(2) _____ your hand.
(3) Clap your hands.
(4) _____ your limbs.
(5) _____ (down) on your back.
(6) Turn your neck to your right.
(7) _____ on your tiptoes.

(8) _____ a fist.
(9) Spread your legs.
(10) Bring your leg up.
(11) _____ your knees!
(12) _____ your palm.
(13) Close your mouth.
(14) Sit straight.

Cheat Box

lie
put
bend
make
open
walk
raise
stretch

C. Let's circle the correct answers.

(1) Don't (lie / lay) on the grass.
(2) (Lie / Lay) him down here.

(3) I need to (lie / lay) down.
(4) (Lie / Lay) your book on the desk.

D. Answer the question below.

Q: Which part of your body are you unhappy with?
A: _____.

A. 다음은 신체 각 부위를 가리키는 표현들입니다. **Cheat Box** 속 표현들로 빈칸을 채워보세요.

① 머리
② 목
③ 가슴, 흉부 →정답 : chest
④ 복부, 배
⑤ 허리　　　 →정답 : waist
⑥ 손목

⑦ 손바닥　 →정답 : palm
⑧ 무릎　　 →정답 : knee
⑨ 발
⑩ 어깨　　　 →정답 : shoulder
⑪ 등, 등허리
⑫ 팔꿈치　 →정답 : elbow

⑬ 팔
⑭ 엉덩이
⑮ 손
⑯ 다리
⑰ 발목　 →정답 : ankle
⑱ 발바닥 →정답 : sole

B. 다음은 신체의 움직임과 관련해 자주 사용되는 표현들입니다. **Cheat Box** 속 표현들로 빈칸을 채워보세요.

(1) (두) 손들어! / 양손 들어!　→정답 : Put
(2) (한) 손들어.　　　　　　 →정답 : Raise
(3) 손뼉 쳐. / 박수 쳐.
(4) 팔다리 스트레칭해.　　 →정답 : Stretch
(5) (등을 바닥에 대고) 바로 누워. →정답 : Lie
(6) 목을 오른쪽으로 돌려.
(7) 발끝으로 살금살금 걸어.　 →정답 : Walk

(8) 주먹 쥐어.　　　 →정답 : Make
(9) 양발 벌려.
(10) (한쪽) 다리 들어.
(11) 양 무릎 굽혀!　 →정답 : Bend
(12) 손바닥 펴.　　　 →정답 : Open
(13) 입 닫아.
(14) 바로 앉아.

C. 괄호 속 표현 중 각 문장에 올바른 것을 골라봅시다.

(1) 잔디 위에 눕지 마. →정답 : lie
(2) 그를 여기 눕혀.　 →정답 : Lay

(3) 나 누워야겠어.　　　 →정답 : lie
(4) 네 책은 책상 위에 둬. →정답 : Lay

D. 다음 응답은 참고용입니다. 질문에 자유롭게 응답해보세요.

Q: Which part of your body are you unhappy with?
A: I hate my thighs. They're too big to fit into skinny jeans.

　Q: 당신의 신체 중 마음에 안 드는 부분은 어디인가요?
　A: 전 제 허벅지가 싫어요. 너무 두꺼워서 스키니진을 입을 수가 없거든요.

Check This Out

1) "neck"이 주로 목의 뒷부분, 즉 척추가 지나가는 외부를 말한다면, "throat"는 공기나 음식물이 들어가는 목의 안쪽을 말해요. 따라서 감기 등으로 인해 목이 아플 땐 "throat"가 아프다고 말하고, 잠을 잘못 자서 목이 아플 땐 "neck"이 아프다고 말하죠.

2) "thigh"는 허벅지 뒤쪽을 가리키며, 허벅지 앞쪽을 말할 땐 "lap"이라는 표현을 사용해요. 주로 벤치 같은 곳에 앉아서 허벅지 앞부분에 노트북을 얹고 컴퓨터를 이용하는 경우가 많은데, 그래서 노트북을 "laptop"이라고 하죠. 그 외에도 "정강이"는 "shin", "종아리"는 "calf", "발뒤꿈치"는 "heel"이라고 하니 함께 알아두세요.

3) 대화를 나누거나 채팅을 하다 보면 영어를 배우는 학습자들뿐만 아니라 원어민들조차도 "lie down"을 "lay down"이라고 잘못 표현하는 경우가 상당히 많은데, "lie"는 스스로 "눕다"라는 뜻인 반면, "lay"는 누군가 또는 무언가를 "눕히다"라는 뜻이기 때문에 "lay" 뒤에는 "~을/~를"에 해당하는 목적어가 반드시 등장해야 해요.

053 | I hurt my ankle.

나 발목 다쳤어.

Gotta Know

A. Let's try matching each question with the best response.

Q1) Are you hurt?
(≈ Did you get hurt?)

Q2) Where are you hurt?
(≈ Where did you get hurt?)

Q3) Where does it hurt?

Q4) How did you get hurt?

Q5) Is this where it hurts?
(≈ Does this hurt?)

• A1) On my right knee.

• A2) No, I'm alright.

• A3) I hurt my lower back.

• A4) Ow! Yes, that's the spot.

• A5) I fell over on the icy road.

B. Let's look at the example and make sentences accordingly.

ex) ankle   → My ankle hurts really bad.

(1) leg   → _____.

(2) shoulder   → _____.

(3) right foot   → _____.

C. Let's look at the example and change the sentences accordingly.

ex) I hurt my back.   → I injured my back.

(1) I hurt my wrist.   → _____.

(2) I hurt my left knee. → _____.

(3) I hurt my neck.   → _____.

Gotta Remember

**D. Remember what we have learned today?
Complete the dialogue.**

A: I hurt _____.

B: Doing what?

A: _____.

124   I hurt my ankle.

A. 각 질문에 가장 알맞은 응답을 연결해봅시다.

Q1) 너 다쳤어? → 정답 : A2) 아니, 난 괜찮아.
Q2) 너 어디 다쳤어? → 정답 : A3) 허리를 다쳤어.
Q3) 어디가 아파? → 정답 : A1) 오른쪽 무릎이.
Q4) 너 어쩌다가 다쳤어? → 정답 : A5) 빙판길에서 넘어졌어.
Q5) 여기가 아픈 데야? (≈ 여기 아파?) → 정답 : A4) 윽! 응, 바로 거기야.

B. 보기를 참고로 하여 문장들을 만들어봅시다.

ex) 발목 → 나 발목이 너무너무 아파.

(1) 다리 → 정답 : My leg hurts really bad. 나 다리가 너무너무 아파.
(2) 어깨 → 정답 : My shoulder hurts really bad. 나 어깨가 너무너무 아파.
(3) 오른발 → 정답 : My right foot hurts really bad. 나 오른발이 너무너무 아파.

C. 보기를 참고로 하여 주어진 문장들을 바꿔봅시다.

ex) 나 등 다쳤어. / 나 허리 다쳤어.

(1) 나 손목 다쳤어. → 정답 : I injured my wrist.
(2) 나 왼쪽 무릎 다쳤어. → 정답 : I injured my left knee.
(3) 나 목 다쳤어. → 정답 : I injured my neck.

D. 다음 대화문은 참고용입니다. 오늘 학습한 내용을 바탕으로 자유롭게 대화를 나눠보세요.

A: I hurt my wrist.
B: Doing what?
A: Playing basketball this morning.

A: 나 손목 다쳤어.
B: 뭐 하다가?
A: 오늘 아침에 농구 하다가.

Check This Out

1) 신체 부위가 동사 "hurt" 뒤에 등장할 때 "hurt"는 "다치다"라는 뜻이지만, 신체 부위가 동사 "hurt" 앞에 등장할 때 "hurt"는 "아프다"라는 뜻이 돼요. "hurt"가 "다치다"라는 뜻일 때는 이미 다친 후에 말하는 경우가 많아서 주로 **과거 시제**로 표현하고, "아프다"라는 뜻일 때는 현재의 상태를 말하는 것이라서 **현재 시제**로 표현하죠.

2) 다친 정도가 심각할 경우엔 "hurt" 대신 "injure"을 이용해요. 주로 무얼 하다가 다쳤는지는 문장 끝에 "~ing" 형태로 밝혀주는데, 이는 "hurt"의 경우도 마찬가지랍니다.
   ex) I injured my ankle playing soccer. 나 축구 하다가 발목을 다쳤어.

3) 특정 부위를 말하는 게 아니라 그냥 누군가가 다친 상태라고 말할 땐 "**사람 + be/get hurt**" 또는 "**사람 + be/get injured**"라고 표현해요.
   ex) I was hurt badly in the accident. 난 그 사고로 심하게 다쳤어.
   ex) I got injured while I was playing tennis. 나 테니스 치다가 부상을 당했어.

Gotta Know

A. Let's practice the dialogues. Replace the underlined words with the ones in the *Ready-to-Use Box*.

(1) A: What's wrong? You don't look very good.
    B: I have the flu.

(2) A: You look sick. Are you okay?
    B: No, I'm not. I think I have a stomach bug.

(3) A: You don't look well. Are you all right?
    B: Not really. I'm suffering from a sore throat.

Ready-to-Use Box

a cold
a head cold
a migraine
the chills
a cold sore
the hiccups
an upset stomach
a sour stomach
indigestion
diarrhea

a headache

a toothache

a stomachache

a backache

a fever

a cough

insomnia

Gotta Remember

B. Remember what we have learned today? Complete the dialogue.

A: You look like you're about to pass out. What's going on?
B: I'm dying here. _____.

A. Ready-to-Use Box 속 표현들로 밑줄 부분을 바꿔가며 대화문들을 연습해봅시다.

(1) A: 무슨 일 있어? 안색이 썩 좋아 보이지 않는데.
　　B: 독감 걸렸어.

(2) A: 너 아파 보여. 괜찮아?
　　B: 아니, 안 괜찮아. 장염 걸린 것 같아.

(3) A: 너 안색이 안 좋아 보이는데. 괜찮아?
　　B: 아니, 별로. 목이 아파서 고생 중이야.

a cold	감기	a headache	두통(머리 아픔)

a cold	감기
a head cold	코감기
a migraine	편두통
the chills	오한
a cold sore	입술 발진 / 입안 발진
the hiccups	딸꾹질
an upset stomach	배탈
a sour stomach	속 쓰림
indigestion	소화불량
diarrhea	설사
insomnia	불면증

a headache	두통(머리 아픔)
a toothache	치통(이 아픔)
a stomachache	복통(배 아픔)
a backache	요통(허리 아픔)
a fever	열
a cough	기침

B. 다음 대화문은 참고용입니다. 오늘 학습한 내용을 바탕으로 자유롭게 대화를 나눠보세요.

A: You look like you're about to pass out. What's going on?
B: I'm dying here. I have a splitting headache.

A: 너 금방이라도 쓰러질 것 같아. 무슨 일 있어?
B: 아주 죽겠어. 나 머리가 쪼개질 듯이 아파.

Check This Out

1) "감기에 걸렸다"고 말할 때는 "I have a cold." 외에 "I've got a cold.", "I caught a cold." 라고 표현할 수도 있어요. "걸렸다"라고 말하기 때문에 과거형으로 "I had a cold."라고 표현하기 쉽지만, 이렇게 표현할 경우 "과거에 감기에 걸렸다가 지금은 다 나았다"는 의미가 된답니다.

2) 감기는 한 가지 특정한 질병이라기보다 다양한 원인(바이러스)에 의해 생기는 "호흡기 질환"을 통칭해요. 그래서 걸릴 때마다 증세나 아픈 정도가 약간씩 다르기도 하죠. 보통, 심한 감기를 독감이라고 생각하기 쉬운데, 독감은 "influenza virus"에 의해 발생하는 일종의 "전염병"으로, 감기와는 전혀 다른 질병이랍니다. 감기는 흔하고, 주로 추울 때 걸리기 때문에 "(common) cold"라고 하고, 독감은 "influenza"의 가운데 세 글자를 이용해 "flu"라고 표현해요. 또한, 감기는 흔하고 일반적이라서 관사도 부정관사인 "a"를 사용하지만, 독감은 그 시기에 돌고 있는 특정한 바이러스로 인한 것이라서 정관사 "the"를 사용하죠. 참고로, "common cold"라는 표현은 감기약 제품 소개 내용이나 글에서만 볼 수 있고, 대화 시에는 그냥 "cold"라고 표현해요.

3) 증세가 얼마나 심각한지는 다음과 같이 표현할 수 있어요.
   - I have a slight fever. 　　나 열이 조금 있어.
   - I have a bad cold. 　　　나 감기가 심해.
   - I have terrible diarrhea. 　나 설사가 엄청 심해.
   - I have a severe migraine. 　나 편두통이 심해.

4) 콧물이 난다고 말할 때는 "흐르는 코를 가지고 있다"고 하여 "I have a runny nose. (= My nose is running.)"처럼 표현하고, 코가 막혔다고 할 때는 "막힌 코를 가지고 있다"고 하여 "I have a stuffy nose. (= My nose is stuffed.)"처럼 표현해요.

How did you get a cold?
너 어쩌다가 감기 걸린 거야?

Gotta Know

A. Use the *Cheat Box* to fill in the blanks.

(1) Have you _____ to the doctor?
(2) Do you need any medicine?
(3) Have you _____ your medicine yet?
(4) Are you feeling any better?
(5) How's your cold? Is it _____ any better?
(6) You look _____.
(7) You don't look so good.
(8) Do you think you can walk?
(9) You need to _____ a doctor.
(10) Let me _____ you to the hospital.
(11) What did your doctor say?
(12) You should just _____ in sick.
(13) Don't worry. I'm not contagious.
(14) Is it contagious?
(15) _____ better soon! (= Get well soon!)

Cheat Box	
see	pale
been	take
call	taken
feel	getting

B. Let's practice the dialogues using the given information.

A: How did you get <u>a cold</u>?	A: How did you get <u>food poisoning</u>?
B: I got <u>it</u> from <u>my sister</u>.	B: I got <u>it</u> from <u>eating some spoiled food</u>.

① pink eye	/ my friend
② swollen feet	/ walking all day in heels
③ the flu	/ one of my coworkers
④ a stomach bug	/ eating some sashimi

Gotta Remember

C. Rearrange the words to form sentences.

(1) medicine / have / you / taken / yet / your
→ _____ ?

(2) any / you / feeling / better / are
→ _____ ?

A. 다음은 아픈 사람에게 주로 사용할 법한 표현들입니다. Cheat Box 속 표현들로 빈칸을 채워 보세요.

(1) (너) 병원에 가봤어? → 정답 : been
(2) (너) 약 필요해? / 약 줄까?
(3) (너) 약 먹었어? → 정답 : taken
(4) (너) 차도가 좀 있어?
(5) 감기는 좀 어때? 좀 괜찮아지고 있어? → 정답 : getting
(6) 너 얼굴이 창백해. → 정답 : pale
(7) 너 안색이 안 좋아. / 너 어디 좀 안 좋아 보여.
(8) (너) 걸을 수 있겠어?
(9) (너) 병원에 가봐야겠다. → 정답 : see
(10) 내가 (너) 병원에 바래다줄게. → 정답 : take
(11) 병원에선 뭐래? / 의사가 뭐래?
(12) 그냥 병가 내. → 정답 : call
(13) 걱정하지 마. (내 병은) 전염되는 거 아니니까.
(14) (그거) 전염성이야?
(15) 빨리 나아. / 빨리 낫길 바라. → 정답 : Feel

B. 주어진 정보를 이용해 다음 대화문들을 연습해봅시다.

A: 너 어쩌다 감기 걸린 거야?	① 유행성 결막염 / 내 친구
B: 여동생(/누나/언니)한테 옮았어.	② 부은 발 / 온종일 힐을 신고 걸었더니
A: 너 어쩌다 식중독에 걸린 거야?	③ 독감 / 동료 중 한 명
B: 상한 음식을 먹었더니 그러네.	④ 장염 / 회를 좀 먹었더니

C. 단어들을 재배열하여 문장을 만들어보세요.

(1) (너) 약 먹었어? → 정답 : Have you taken your medicine yet?
(2) (너) 차도가 좀 있어? → 정답 : Are you feeling any better?

Check This Out

1) 병세가 어떤지 물어볼 때는 "How's your ...? (~은 어때?)"와 같이 표현할 수 있어요. "~은 얼마나 안 좋은 거야?"라는 식으로 물으려면 "How bad is your ...?"이라고 표현하면 되죠.
　ex) How's your cold? (네) 감기는 좀 어때?
　ex) How bad is your toothache? 너 치통이 얼마나 심한 거야?

2) 무언가가 "상했다"고 말할 때는 형용사로 "spoiled"를 가장 많이 사용해요. 사실, "spoiled"는 음식이 먹을 수 없을 정도로 망쳐진 상태를 말하기 때문에 "상한"이라는 뜻 외에도 "썩은", "쉰", "맛이 간" 등 다양한 의미로 사용될 수 있는 포괄적인 표현이죠. "bad"도 포괄적이긴 하지만 음식과 관련해서는 "spoiled"가 더 일반적으로 쓰여요. 이 외에 "rotten"이라는 표현도 있는데, 이는 주로 고기나 과일 등이 "상한", "썩은"이라는 뜻으로 사용돼요.

056 Who is in your family?

네 가족은 어떻게 구성돼 있어?

Gotta Know

A. Let's practice the dialogues using the given information.

A: How many (people) are there in your family?
B: There are <u>four (people)</u> (in my family).
　/ I have <u>four people</u> in my family.

A: Who (all) is in your family? (= Who does your family consist of?)
B: I have <u>my little sister and my parents</u> (in my family).
　/ It consists of <u>my little sister and my parents</u>.
　/ It includes <u>my little sister and my parents</u>.

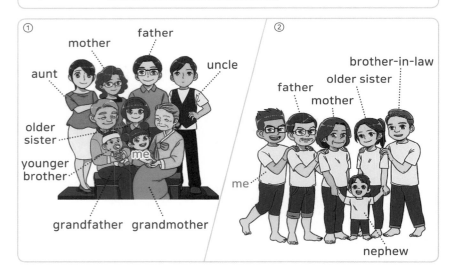

Gotta Remember

B. Answer the questions below.

(1) Q: How many people are there in your family?
　　A: _____.

(2) Q: Who is in your family?
　　A: _____.

A. 주어진 정보를 이용해 다음 대화문들을 연습해봅시다.

> A: 네 가족은 몇 명이야?
> B: 우리 가족은 네 명이야.

> A: 네 가족은 어떻게 구성돼 있어?
> B: (우리 집엔) 부모님과 여동생 하나 있어.

① grandfather	할아버지	older sister	언니		② father	아버지
grandmother	할머니	younger brother	남동생		mother	어머니
father	아버지	me	나		older sister	누나
mother	어머니				brother-in-law	매형
uncle	삼촌				nephew	조카
aunt	고모				me	나

B. 다음 응답들은 참고용입니다. 각 질문에 자유롭게 응답해보세요.

(1) Q: How many people are there in your family?　Q: 당신 가족은 모두 몇 명인가요?
　　A: <u>There are only three in my family.</u>　　　A: 우리 가족은 셋뿐이에요.

(2) Q: Who is in your family?　　　　　　　　Q: 당신 가족은 어떻게 구성돼 있나요?
　　A: <u>My mom and dad are my only family.</u>　A: 우리 가족은 엄마 아빠랑 저밖에 없어요.

Check This Out

1) 가족 구성원을 말할 때는 보통 "**본인(me)**"은 빼고 말해요. 본인까지 포함해서 말하려면 "me" 또는 "myself"를 끝에 추가해주면 되죠.

2) "parent"는 부모 중 한 명을 뜻하는 표현이기 때문에 아버지와 어머니를 모두 일컬을 때는 "parents"처럼 복수로 표현해야 해요. 마찬가지로 할아버지와 할머니를 모두 일컬을 때는 "grandparents"라고 표현해야 하죠.

3) 결혼으로 인해 맺어진 가족 관계는 끝에 "-in-law"라는 표현이 붙어요. 즉, 법적으로 맺어진 관계라는 뜻이죠. 예를 들어, "father-in-law"라고 하면 "**시아버지**" 또는 "**장인**"이라는 뜻이 된답니다. 이때는 "parents-in-law(시부모님, 처부모님)"처럼 앞의 명사가 복수일지라도 "in-law"는 복수로 표현하지 않아요. 앞 명사 없이 "in-laws"처럼 그 자체로 복수 명사로 사용하면 배우자의 가족을 통칭하는 표현이 되는데, 남편 입장에서 "in-laws"는 "**처가 식구들**"이 되고, 아내 입장에서 "in-laws"는 "**시댁 식구들**"이 되겠죠?

4) 가족 관계를 나타낼 때 영어가 우리말보다 유일하게 세분화되어 있는 것이 바로 "**조카**"예요. 우리말에서는 이를 구별해서 부르진 않지만, 영어에서는 "nephew(**남자 조카**)"와 "niece (**여자 조카**)"로 구분한답니다.

5) 영어에서는 가족관계를 말할 때 아버지 쪽과 어머니 쪽을 따로 구분하지 않고 똑같이 불러요. 예를 들면, 할아버지나 외할아버지 모두 "grandfather"이라고 부르죠.

6) 형제자매의 경우 나이가 많고 적음을 표현할 때는 "older"이나 "younger"을 사용해요. 맏이와 막내는 각각 "oldest", "youngest"라고 하죠. 참고로, 가족 간에 연장자를 표현할 때는 "older"이나 "oldest" 대신 "elder"이나 "eldest"라는 표현을 사용하기도 하지만, 미국에서는 실제 대화 시 "older"과 "oldest"를 더 많이 사용해요.

Gotta Know

A. Let's practice the dialogues using the given information.

high school teacher

A: What do you do (for a living)?
B: I'm <u>a high school teacher</u>.

①
college professor

yoga instructor

A: What's <u>her</u> occupation?
  (= What's <u>her</u> job?)
B: <u>She's a yoga instructor.</u>

②
pediatrician

firefighter

A: What kind of work does <u>he</u> do?
B: <u>He's a firefighter.</u>

③
police officer

web designer

A: What job does <u>she</u> have?
B: <u>She's a web designer.</u>

④
computer programmer

Gotta Remember

B. Answer the question below.

Q: What do you do for a living?
A: _____.

A. 주어진 정보를 이용해 다음 대화문들을 연습해봅시다.

고등학교 교사	A: 넌 직업이 뭐야? B: 난 고등학교 교사야.	→	① 대학 교수
요가 강사	A: 걘 직업이 뭐야? B: 걘 요가 강사야.	→	② 소아과 의사
소방관	A: 걘 어떤 일 해? B: 걘 소방관이야.	→	③ 경찰관
웹디자이너	A: 걘 어떤 직업을 가지고 있어? B: 걘 웹디자이너야.	→	④ 프로그래머

B. 다음 응답은 참고용입니다. 질문에 자유롭게 응답해보세요.

Q: What do you do for a living?
A: I'm a kindergarten teacher.

Q: 당신은 직업이 뭔가요?
A: 전 유치원 교사예요.

Check This Out

1) "**What do you do?**"는 "**넌 (평소에) 뭐 해?**"라는 뜻이에요. 금수저가 아니라면 당연히 평소엔 생계를 위해 일을 해야겠죠? 그래서 보통 "**What do you do?**"는 "**What do you do for a living?**"과 같은 의미로 쓰인답니다.

2) 누군가의 직업을 물어볼 때는 다음과 같은 질문을 이용하기도 해요.

- What line of work are you in?　　　넌 어떤 직종에 종사해?
- What field are you in?　　　넌 어떤 분야에 종사해?
- What're you doing these days?　　　넌 요즘 뭐 해?
- What do you do for work?　　　넌 어떤 일 해?
- How do you make a living?　　　넌 어떻게 생계를 꾸려나가?

3) "**경찰관**"은 한때 남성들이 거의 대부분이었기 때문에 이들을 "**policeman**"이라고 표현하곤 했어요. 물론, 지금도 이렇게 표현하는 사람들이 많긴 하지만, 직업명 상의 성차별을 없애기 위해 이들을 통칭할 때는 "**police officer**"라고 하고, 여성 경찰관은 "**policewoman**"으로 따로 구분하여 부른답니다. 이는 "**소방관**"의 경우도 마찬가지예요.

4) "**가수 겸 배우**"처럼 여러 가지 일을 병행하는 사람들은 "**slash**"라는 표현을 써서 직업을 소개하기도 해요.

ex) She's an actress slash singer.　　　그녀는 가수 겸 배우야.
　　(= She's an actress and a singer.)

What do you want to be?

넌 어떤 사람이 되고 싶어?

A. Let's practice the dialogues using the given information.

famous
singer

A: What do you want to be
(when you grow up)?
B: I want to be a famous singer.

①

world-famous
chef

astronaut

A: I'll be an astronaut.
/ I'm gonna be an astronaut.
B: Awesome. I'll be rooting for you.

②

famous
actress

artist

A: What did you want to be
when you grew up?
B: I wanted to be an artist,
but it didn't work out so well.

③

pharmacist

Gotta Remember

B. Answer the question below.

Q: What did you want to be when you were a kid?

A: _____.

A. 주어진 정보를 이용해 다음 대화문들을 연습해봅시다.

유명한 가수	A: 넌 (크면) 어떤 사람이 되고 싶어? B: 난 유명한 가수가 되고 싶어.	→	①	세계적으로 유명한 요리사
우주비행사	A: 난 우주비행사가 될 거야. B: 멋지네. 내가 응원할게.	→	②	유명한 여배우
예술가	A: 넌 커서 어떤 사람이 되고 싶었어? B: 난 예술가가 되고 싶었지만, 일이 뜻대로 잘 풀리진 않았어.	→	③	약사

B. 다음 응답은 참고용입니다. 질문에 자유롭게 응답해보세요.

Q: What did you want to be when you were a kid?
A: <u>I wanted to be a vet because I loved animals.</u>

   Q: 당신은 어렸을 때 어떤 사람이 되고 싶었나요?
   A: 전 동물을 너무 좋아해서 수의사가 되고 싶었어요.

Check This Out

1) 어떤 사람이 되고 싶다고 말할 때는 동사로 "be" 대신 "become"을 이용할 수도 있어요.
   ex) I want to become a successful businessman.   난 성공한 사업가가 되고 싶어.

2) "요리사"는 "cooker"가 아니라 "cook"이라고 표현해요. 즉, "cook"은 "요리하다"라는 동사
로도 쓰이고, "요리사"라는 명사로도 쓰이죠. 이를 "cooker"라고 표현하면 "주방 도구",
"요리 도구"라는 뜻이 되어, 상황에 따라 "밥솥(rice cooker)" 등을 의미하기도 한답니다.
"cook"보다 좀 더 전문적인 요리사나 주방장은 "chef"라고 표현해요.

3) "root for"는 "응원하다", "성원하다"라는 뜻이에요. "누군가를 위해(for ~) 든든한 뿌리가
되어주다(root)"라고 이해하면 되겠죠?
   ex) I'm rooting for you.   내가 너 응원할게. / 내가 너 응원하고 있어.
   ex) Who're you rooting for?   넌 누구 응원할 거야? / 너 어느 팀 응원해?
                                   / 너 어느 선수 응원해? / 너 어느 쪽 응원해?

4) "남자 배우"와 "여자 배우"는 각각 "actor"와 "actress"로 구분하여 표현한다고 알고 있지만,
때때로 성별과 관계없이 모두 "actor"라고 표현하기도 해요. 참고로, 목소리로 연기하는
"성우"도 성별에 따라 "voice actor(남자 성우)", "voice actress(여자 성우)"라고 구분해서
부르기도 하고, 둘 다 그냥 "voice actor"라고 표현하기도 하죠.

5) "커서 ~와 같은 사람이 되고 싶어."라고 말하고 싶을 때는 다음과 같이 표현해요.
   • I'd like to grow up to be like my father.
   = I'd like to be like my father when I grow up.
     난 커서 우리 아버지 같은 사람이 되고 싶어.

059 I'm at home.
난 집에 있어.

A. Let's complete the dialogues using either *in* or *at*.

(1) A: I'm home!
    B: Hey, honey.
    A: Where're you?
    B: I'm ____ the kitchen.

(2) A: Where're you at?
    B: I'm ____ the supermarket. Why?
    A: I thought I'd come over to your place.

(3) A: Are you ____ your room?
    B: Yeah, I am. Why?

(4) A: Do you know where she is?
    B: I think she's ____ the airport.
       She said she was going to pick up her mom a while ago.

B. Use the *Cheat Box* to fill in the blanks.

(1) In your _____!
(2) In your dreams!
(3) I'm in a food _____.
(4) He's in a bad _____.
(5) I'll be there in _____.
(6) Sarah is in _____ with Jeff.
(7) I paid it in _____.
(8) Cut this in half.

Cheat Box		
cash	face	mood
coma	love	time

C. Circle the correct answers.

(1) I'm (in / at) home.
(2) I'm (in / at) the bathroom brushing my teeth.
(3) What's he doing (in / at) there?
(4) Are you (in / at) work right now?
(5) I'm stuck (in / at) home because my car won't start.
(6) He's (in / at) his room taking a nap.

A. "in" 또는 "at"을 이용해 다음 각 대화문을 완성해봅시다.

(1) A: 나 집에 왔어!   → 정답 : in
    B: 안녕, 여보.
    A: 자기 어디 있어?
    B: 나 부엌에 있어요.

(2) A: 너 지금 어디야?   → 정답 : at
    B: 나 슈퍼마켓에 있어. 왜?
    A: 네 집에 갈까 했지.

(3) A: 너 네 방에 있어?   → 정답 : in
    B: 응, 맞아. 왜?

(4) A: 너 걔 어딨는지 알아?   → 정답 : at
    B: 공항에 있을걸. 좀 전에
      자기 엄마 픽업하러 간댔어.

B. 다음은 "in"을 활용한 유용한 표현들입니다. Cheat Box 속 표현들로 빈칸을 채워보세요.

(1) [상대방 얼굴에 삿대질하며] 한 방 먹었지! / 약 오르지!   → 정답 : face
(2) 꿈 깨! / 잠꼬대 같은 소리 하고 있네!
(3) 나 식곤증이 와.   → 정답 : coma
(4) 걔 기분 안 좋아.   → 정답 : mood
(5) 나 시간 맞춰서 그리 갈게.   → 정답 : time
(6) 새라는 제프와 사랑에 빠졌어.   → 정답 : love
(7) 나 (그거) 현금으로 지불했어.   → 정답 : cash
(8) 이거 반으로 잘라. / 이거 반 토막 내.

C. 괄호 속 표현 중 각 문장에 올바른 것을 골라보세요.

(1) 난 집에 있어.   → 정답 : at
(2) 나 화장실에서 이 닦는 중이야.   → 정답 : in
(3) 걘 그 안에서 뭐 하는 거야?   → 정답 : in
(4) 너 지금 일하는 중이야? / 너 지금 회사야?   → 정답 : at
(5) 나 차 시동이 안 걸려서 집에서 꼼짝 못 하고 있어.   → 정답 : at
(6) 걘 자기 방에서 낮잠 자고 있어.   → 정답 : in

Check This Out

1) "in"은 "**어떤 공간 내에**"라는 뜻인 반면, "at"은 "**어떤 지점에**"라는 뜻이기 때문에, 엄밀히 따지면, "**국가(country)**"나 "**주(state)**"처럼 넓은 장소를 말하는 경우에는 "in"이 어울리고, "**가게(store)**"나 "**학교(school)**"처럼 비교적 작은 장소를 말하는 경우에는 "at"이 어울려요. 하지만 "at"도 어떤 공간 속의 한 지점을 말할 수도 있기 때문에 일상적인 대화에서 위치를 말할 땐 전치사 "in"과 "at"을 구분 없이 사용하는 경우가 많답니다. 단, 일반적으로 대부분의 사람들이 아주 넓은 장소라고 여기는 큰 개념을 이야기할 때 "at"이라고 표현했다가는 어색하게 들릴 수도 있으니 주의하세요.

2) "I'm home."은 "**나 다녀왔어.**" 또는 "**나 집에 있어.**"라는 뜻이에요. 후자의 의미로는 "I'm at home."이라고 표현하기도 하죠.

3) 문법적으로 틀린 표현이긴 해도, 가끔 대화 시 "**너 어디야?**"라고 물을 때 "Where're you at?" 또는 "Where you at?"이라고 표현하기도 해요.

Where're you headed?

너 어디 가는 길이야?

A. Let's practice the dialogues using the given information.

mall	A: Where're you going? B: I'm going to <u>the mall</u>.	→	①	post office
work	A: Where're you headed? B: I'm off to <u>work</u>.	→	②	school
Mike's place	A: Where're you (taking) off to? B: I'm going to <u>Mike's (place)</u>.	→	③	Jasmin's place
library	A: Where're you? B: I'm going into <u>the library</u>.	→	④	office

B. Say where they are going. (Answers may vary.)

(1) Phillip is _____.

(2) Jessica is _____.

(3) Steven is _____.

(4) Daisy is _____.

A. 주어진 정보를 이용해 다음 대화문들을 연습해봅시다.

쇼핑몰	A: 너 어디 가는 중이야? B: 쇼핑몰에 가고 있어.	→	①	우체국
일(회사)	A: 너 어디 가는 길이야? B: 출근하는 길이야.	→	②	학교
마이크네 집	A: 너 어디 가? B: 나 마이크네 집에 가는 길이야.	→	③	재스민네 집
도서관	A: 너 어디야? B: 난 도서관에 들어가고 있어.	→	④	사무실

B. 다음 정답들은 참고용입니다. 오늘 학습한 내용을 바탕으로 사람들이 어디로 가고 있는지 자유롭게 말해보세요.

(1) → 정답 : Phillip is <u>going to the bank</u>. 필립은 은행에 가고 있어요.
(2) → 정답 : Jessica is <u>headed to the pharmacy</u>. 제시카는 약국에 가는 길이에요.
(3) → 정답 : Steven is <u>off to the convenience store</u>. 스티븐은 편의점에 가고 있어요.
(4) → 정답 : Daisy is <u>going into the bookstore</u>. 데이지는 서점에 들어가고 있어요.

Check This Out

1) 드물긴 해도, 어디 가는 길인지 물을 때는 "Where're you heading?"이라고 표현하기도 해요.

2) 장소 앞에 쓰인 "to"는 방향을 알려주는 전치사로 "~로"라는 뜻이에요. 방향과 더불어 어떤 공간으로 들어가는 행위까지 강조하고 싶을 때는 "into"를 이용하죠.

3) "pub"은 술뿐만 아니라 여러 음료도 같이 판매하고 식사도 가능한 대중적인 술집인 반면, "bar"는 대부분 술과 술안주 정도만 갖추고 있는 곳이라고 볼 수 있어요. 우리가 이런 술집들을 "호프집"이라고 부르는 것은 일종의 콩글리쉬라고 볼 수 있죠.

4) 영어에서 "gym"은 학교 체육관처럼 단체 운동을 하는 장소를 일컫기도 하지만 일상생활에서는 "fitness center"처럼 헬스장의 의미로도 아주 많이 쓰여요. **"헬스장에 가서 운동한다"**고 말할 때는 "hit the gym"이라고 하죠.
   ex) I usually hit the gym after work.   난 보통 일 끝나면 헬스장에 가서 운동해.

5) 보통, "supermarket"은 **"대형 슈퍼마켓"**, "grocery store"는 **"작은 가게"**를 의미하는 것으로 알고 있지만, 실제로는 딱히 구분 없이 사용하는 경우가 많아요. 미국 기준에서 구멍가게는 대부분 우리나라의 웬만한 동네 대형 슈퍼 수준이기 때문이죠. 미국에서는 주유소가 우리나라의 구멍가게와 같은 역할을 해요.

061 They're mine.

그것들은 내 거야.

Gotta Know

A. Let's practice the dialogues using the given information.

A: Whose <u>pen is this</u>?
  <u>It's</u> the bomb.
B: <u>It's mine.</u>

A: Whose <u>gloves are those</u>?
  I like <u>them</u>.
B: <u>They're his.</u>

① 	②	③ 	④ 
my perfume / mine	their toys / theirs	his wallet / his	her shoes / hers

A: <u>This bag is</u> off the hook.
  Whose <u>is it</u>?
B: <u>That would be Julie's.</u>

A: I love <u>those earrings</u>.
  Whose <u>are they</u>?
B: Oh, <u>they're my mom's.</u>

⑤ 	⑥ 	⑦ 	⑧ 
Tom's sunglasses	Hadley's cell phone	my friend's mug	my parents' cars

Gotta Remember

B. Remember what we have learned today? Complete the dialogue.

A: Whose _____ is this?
B: It's _____. It looks _____, doesn't it?

140　They're mine.

A. 주어진 정보를 이용해 다음 대화문들을 연습해봅시다.

A: 이거 누구 펜이야? 끝내주네.
B: 내 거야.

① (가까이 있는)	내 향수	/ 나의 것
② (멀리 있는)	그들의 장난감들	/ 그들의 것
③ (멀리 있는)	그의 지갑	/ 그의 것
④ (가까이 있는)	그녀의 신발	/ 그녀의 것

A: 저거 누구 장갑이야? 마음에 드네.
B: 쟤 거야.

A: 이 가방 끝내주네. 누구 거야?
B: 그건 줄리 것일듯싶네.

⑤ (가까이 있는)	톰의 선글라스
⑥ (가까이 있는)	해들리의 휴대폰
⑦ (멀리 있는)	내 친구의 머그잔
⑧ (멀리 있는)	내 부모님의 자동차들

A: 저 귀고리 정말 마음에 드네. 누구 거야?
B: 아, 그거 우리 엄마 거야.

B. 다음 대화문은 참고용입니다. 오늘 학습한 내용을 바탕으로 자유롭게 대화를 나눠보세요.

A: Whose car is this?
B: It's mine. It looks awesome, doesn't it?

A: 이건 누구 차야?
B: 내 거. 엄청 멋있지 않냐?

1) 때로는 무언가가 누구의 소유인지 말할 때 소유 형용사들을 "~의 것"처럼 명사화해서 사용해야 할 때가 있는데, 이들을 소유 형용사와 구분하여 "소유 대명사(possessive pronouns)"라고 해요. "my"는 "mine"으로 바뀌지만, 그 외에는 모두 소유격 끝에 "-s"를 더해주면 되죠.

소유 형용사		→	소유 대명사	
my	나의	→	mine	나의 것
your	너의	→	yours	너의 것
his	그의	→	his	그의 것
her	그녀의	→	hers	그녀의 것

소유 형용사		→	소유 대명사	
its	그것의	→	its	그것의 것
our	우리의	→	ours	우리의 것
your	너희의	→	yours	너희의 것
their	그들의	→	theirs	그들의 것

참고로, "his"와 "its"처럼 이미 끝이 "-s"로 끝나는 소유 형용사들은 그 자체로 소유 대명사로 쓰일 수 있어요. 일반 명사들도 소유격 그 자체가 "-s"로 끝나기 때문에 아무 변화 없이 그 자체로도 "~의 것"이라는 뜻이 될 수 있답니다.

ex) brother's 남동생의 / 형의 / 오빠의 / 남동생의 것 / 형의 것 / 오빠의 것
ex) cat's 고양이의 / 고양이의 것
ex) children's 아이들의 / 아이들의 것
ex) Skyler's 스카일러의 / 스카일러의 것

단어의 끝이 "s"로 끝나는 **복수 명사**는 단어 끝에 그냥 어파스트러피 기호만 붙여서 소유 형용사를 만드는 것 아시죠? 이 역시 그 자체로 소유 대명사로도 쓰일 수 있어요.

ex) students' 학생들의 것

2) "whose(누구의)"도 "누구의 것"이라는 뜻의 명사로 쓰일 수 있어요.

Gotta Know

A. Let's practice the dialogues. Replace the underlined words with the ones in the *Ready-to-Use Box*.

(1) A: What do you (usually) do <u>for fun</u>?
 B: I watch YouTube.

(2) A: What do you (usually) do <u>to kill some time</u>?
 B: I do some light reading.

(3) A: What do you (usually) do <u>when you're bored</u>?
 B: I hit the gym and run for a bit.

Ready-to-Use Box
after dinner
in the evening
in your free time
to relieve your stress
when you get bored
when you have free time

B. Let's look at the pictures and see which ones would sound natural in the dialogue.

A: What do you usually do on weekends?
B: I go _____.

① fishing ② taekwondo ③ surfing ④ soccer
⑤ camping ⑥ snowboarding ⑦ pool ⑧ swimming

Gotta Remember

C. Answer the question below.

Q: What do you usually do to kill some time?
A: _____.

A. Ready-to-Use Box 속 표현들로 밑줄 부분을 바꿔가며 대화문들을 연습해봅시다.

(1) A: 넌 놀 때 (보통) 뭐 해?
B: 유튜브 봐.

(2) A: 넌 시간 때울 때 (보통) 뭐 해?
B: 이것저것 가볍게 읽어.

(3) A: 넌 심심할 때 (보통) 뭐 해?
B: 헬스장에 가서 러닝머신을 좀 해.

after dinner	저녁 먹고 나서
in the evening	저녁에
in your free time	시간 날 때, 한가할 때
to relieve your stress	스트레스 풀 때
when you get bored	심심할 때
when you have free time	시간 날 때, 한가할 때

B. 다음 활동 중 대화문의 빈칸에 들어가기에 적절한 것들을 골라봅시다.

A: 넌 보통 주말에 뭐 해? B: 난 _____ 가.	① 낚시	② 태권도	③ 서핑	④ 축구
	⑤ 캠핑	⑥ 스노보딩	⑦ 당구	⑧ 수영

→ 정답 : ①,③,⑤,⑥,⑧

C. 다음 응답은 참고용입니다. 질문에 자유롭게 응답해보세요.

Q: What do you usually do to kill some time?
A: I just do a bunch of random things.

Q: 당신은 보통 시간 때울 때 뭐 하나요?
A: 그냥 이것저것 닥치는 대로 아무거나 해요.

Check This Out

1) 산이나 바다 등 어딘가로 가서 하는 활동들은 동사로 "**go**"를 이용하는데, 이에는 다음과 같은 활동들이 있어요.

- 연못, 강, 호수, 바다 등 물과 관련된 곳에서 할 수 있는 활동: fishing / swimming / surfing / sailing / kayaking / scuba-diving / skin-diving / snorkeling

- 하늘에서 할 수 있는 활동: skydiving / hang gliding / parachuting

- 산악 지역, 숲, 황야 지역 등에서 할 수 있는 활동: skiing / snowboarding / hiking / (mountain) climbing / mountain biking / camping / hunting / birdwatching (= birding)

- 트랙이나 러닝 머신, 옥외에서 할 수 있는 활동: walking / jogging / running

- 기타 활동들: dancing / bowling / golfing / ice skating / bungee jumping / stargazing / shopping

2) "**mountain climbing**"은 전문 장비를 갖춘 전문 산악인이 높고 험한 산을 오르는 것을 말하며, "**mountaineering**"이라고 표현하기도 해요. 반면, "**hiking**"은 일반인이 가벼운 옷차림으로 낮은 산을 오르내리는 것을 말하며, 상황에 따라 "**도보 여행**"을 의미하기도 하죠. 이에 따라 전문 산악인은 "**mountaineer**" 또는 "**mountain climber**"라고 하고, 일반 등산객들은 "**hiker**"라고 한답니다. 참고로, 일반 등산보다 훨씬 힘들고 위험하면서도, 스릴감 넘치는 "**암벽 등반**"은 "**rock climbing**"이라고 표현해요.

Gotta Know

A. Let's practice the dialogues using the given information.

A: Do you play any <u>sports</u>? B: Yes, I play <u>soccer</u>.	A: Do you play any <u>instruments</u>? B: Yes, I play <u>(the) violin</u>.

① basketball   ② piano   ③ tennis   ④ guitar

B. Use the *Cheat Box* to fill in the blanks.

(1) I enjoy playing tennis.
(2) I'm interested _____ the drums.
(3) I'm not really _____ soccer.
(4) I'm a big fan _____ baseball.

Cheat Box
in   of   into

Gotta Remember

C. Make any sentences you want using the given phrases.

(1) I'm a big fan of _____.
(2) I'm not a big fan of _____.
(3) I'm a huge fan of _____.

D. Answer the questions below.

(1) Q: Do you play any sports?
　　A: _____.

(2) Q: Do you know how to play guitar?
　　A: _____.

A. 주어진 정보를 이용해 다음 대화문들을 연습해봅시다.

A: 너 운동하는 거 있어?	A: 너 연주할 수 있는 악기 있어?
B: 응, 난 축구를 해.	B: 응, 난 바이올린을 연주해.

①	농구	②	피아노	③	테니스	④	기타

B. Cheat Box 속 표현들로 빈칸을 채워보세요.

(1) 난 테니스를 즐겨 쳐.
(2) 난 드럼에 관심 있어. → 정답 : in
(3) 난 축구를 딱히 좋아하진 않아. → 정답 : into
(4) 난 야구를 엄청 좋아해. → 정답 : of

C. 다음 문장들은 참고용입니다. 주어진 표현들을 이용해 자유롭게 문장을 만들어보세요.

(1) I'm a big fan of jazz.   난 재즈를 엄청 좋아해. / 난 재즈 애호가야.
(2) I'm not a big fan of romantic comedies. 난 로맨틱 코미디물은 별로야.
(3) I'm a huge fan of reality TV.   난 리얼리티 쇼를 엄청 좋아해.

D. 다음 응답들은 참고용입니다. 각 질문에 자유롭게 응답해보세요.

(1) Q: Do you play any sports?   Q: 당신은 운동하는 거 있나요?
   A: No, I don't, but I like watching them. A: 아뇨. 하지만 보는 건 좋아해요.

(2) Q: Do you know how to play guitar?   Q: 당신은 기타를 칠 줄 아나요?
   A: Kind of, but I'm not that good.   A: 알긴 하는데, 그렇게 잘 치진 못해요.

Check This Out

1) 누군가와 경쟁 또는 시합을 하거나, 공으로 하는 운동, 게임 등의 경우에는 동사로 "play"를 이용해요.

2) 평소 "악기를 연주한다", "악기를 연주할 줄 안다"라고 말할 때는 악기 이름 앞에 정관사 "the"를 붙여주지만 미국영어에서는 "the"를 빼고 말하는 경우가 더 일반적이에요.

3) "드럼"은 북 하나로 연주하는 것도 있고, 여러 개의 북 세트로 연주하는 경우도 있기 때문에 단수로 표현하기도 하고 복수로 표현하기도 해요.

4) "be a big fan of ..."라는 말은 "~의 열렬한 팬이다"라는 뜻으로, 원래 사람에 대해 사용하던 표현이지만 현재는 아주 좋아하는 대상이나 활동 등에 대해서도 사용되는 표현이에요. 이를 좀 더 강조하고자 할 때는 "be a huge fan of ..." 또는 "be the biggest fan of ..." 라고 표현하기도 하죠.

5) 무언가를 좋아해서 안 빼놓고 챙겨본다고 말할 때는 동사로 "follow"를 이용해요.
   ex) Do you follow soccer?   너 축구 챙겨 봐?

What do you do in your free time?

넌 시간 나면 뭐 해?

Gotta Know

A. Let's practice the dialogues. Replace the underlined words with the ones in the *Ready-to-Use Box*.

(1) A: What do you (usually) do in your free time?
    B: I always <u>hang out with my friends</u>.

(2) A: What do you (usually) do when you're free?
    B: I often <u>walk my dog</u>.

(3) A: What do you (usually) like to do in your free time?
    B: I usually <u>hit the gym and work out</u>.

(4) A: What do you (usually) like to do when you're free?
    B: I like to <u>relax at home and watch movies</u>.

Ready-to-Use Box
watch TV
take a nap
surf the net
shop online
read books
bake cookies
drink with (my) friends
chat with (my) friends
talk with (my) friends
play games
listen to music
work out at the gym

Gotta Remember

B. Make any sentences you want using the phrase "What do you ...?"

(1) What do you _____?

(2) What do you _____?

(3) What do you _____?

(4) What do you _____?

(5) What do you _____?

C. Answer the question below.

Q: What do you do when you're free?

A: _____
_____
_____.

A. Ready-to-Use Box 속 표현들로 밑줄 부분을 바꿔가며 대화문들을 연습해봅시다.

(1) A: 넌 시간 나면 (보통) 뭐 해?
    B: 난 늘 친구들 만나서 놀아.

(2) A: 넌 시간 나면 (보통) 뭐 해?
    B: 개 산책시킬 때가 많아.

(3) A: 넌 시간 나면 (보통) 뭘 즐겨 해?
    B: 보통은 헬스장에 가서 운동해.

(4) A: 넌 시간 나면 (보통) 뭘 즐겨 해?
    B: 집에서 쉬면서 영화 보는 걸
       좋아해.

watch TV	텔레비전을 보다
take a nap	낮잠을 자다
surf the net	인터넷 서핑을 하다
shop online	인터넷 쇼핑을 하다
read books	독서를 하다
bake cookies	쿠키를 굽다
drink with my friends	친구들과 술을 마시다
chat with my friends	친구들과 잡담을 하다
talk with my friends	친구와 이야기(/통화)하다
play games	게임을 하다
listen to music	음악을 듣다
work out at the gym	헬스장에서 운동하다

B. 다음 문장들은 참고용입니다. "What do you ...?"를 이용해 자유롭게 문장을 만들어보세요.

(1) What do you <u>call this</u>?   이걸 뭐라고 해?
(2) What do you <u>mean by that</u>?   (너) 그게 무슨 말이야?
(3) What do you <u>like about her</u>?   넌 개 어떤 부분이 마음에 들어?
(4) What do you <u>take me for</u>?   (너) 날 뭐로 보는 거야?
(5) What do you <u>want to have for dinner</u>? (너) 저녁에 뭐 먹고 싶어?

C. 다음 응답은 참고용입니다. 질문에 자유롭게 응답해보세요.

Q: What do you do when you're free?   Q: 당신은 시간이 나면 무엇을 하나요?
A: <u>I usually meet my friends and chat.</u>   A: 보통은 친구들 만나서 잡담해요.
   <u>Otherwise, I just chat online.</u>   아니면, 그냥 인터넷으로 채팅하고요.

Check This Out

1) "free time(자유 시간)"은 "spare time(여가 시간)"이라고 표현하기도 해요.

2) 어떤 특정 체조나 운동을 한 가지만 할 경우에는 "exercise"라는 표현을 사용하지만, 한 가지 이상 할 경우에는 "work out"이라는 표현을 사용하는 게 일반적이에요. 예를 들어, 헬스장에서 하는 복근 운동이나 하체 운동 각각을 이야기할 때는 "exercise"라고 표현 하지만, 보통 헬스장에 가면 복근 운동, 하체 운동, 상체 운동과 같은 다양한 운동을 함께 하는 것이 일반적이기 때문에 "헬스장에 가서 운동한다"고 말할 때는 "work out"이라고 표현하죠.

3) "What do you mean? (무슨 말이야?)"은 이 자체가 완벽한 문장이라서 뒤에 또 다른 완벽한 문장이 등장할 수 없지만, 대화 시에는 이를 무시하고 완벽한 문장을 사용하기도 해요.

   ex) What do you mean I'm wrong?   내가 틀렸다니, 그게 무슨 말이야?
   ex) What do you mean you quit?   네가 그만뒀다니, 그게 무슨 말이야?

065 I sometimes talk in my sleep.
난 가끔 잠꼬대해.

Gotta Know

A. Use the *Cheat Box* to fill in the blanks in the *Adverbs of Frequency* box.

Adverbs of Frequency

100%	always
↑	① _____
↑	often, ② _____
↑	sometimes
↑	③ _____
	seldom
↓	hardly / ④ _____ / barely
↓	⑤ _____
↓	⑥ _____
0%	never

Cheat Box

rarely
usually
frequently
hardly ever
almost never
occasionally

B. Use the *Cheat Box* to fill in the blanks.

(1) I go sailing from time to time.
(2) I go mountain climbing (every) now and _____.
(3) I go fishing (every) _____ in a while.

Cheat Box

once   then

C. Let's make sentences using the given words.

ex1) always	+ He's late.	→ He's always late.
ex2) never	+ She goes hiking.	→ She never goes hiking.

(1) often   + She wears red.   → _____.
(2) sometimes + I talk in my sleep.   → _____.
(3) barely   + I have time to sleep these days. → _____.
(4) hardly   + We know each other.   → _____.

Gotta Remember

D. Answer the question below.

Q: How often do you go shopping?
A: _____
_____.

A. 다음은 빈도와 관련된 표현들을 빈도순으로 정리한 것입니다. Cheat Box 속 표현들로 빈칸을 채워보세요. (번역 우측의 빈도는 이해를 돕기 위해 임의로 비율을 적용한 것임)

빈도 부사	always	⇒ 항상, 늘, 매번	(빈도 100%)
	① usually	⇒ 보통, 거의 매번	(빈도 90%)
	often, ② frequently	⇒ 종종, 자주	(빈도 70%)
	sometimes	⇒ 때때로, 가끔	(빈도 50%)
	③ occasionally	⇒ 가끔, 기회 될 때	(빈도 30%)
	seldom	⇒ 좀처럼 ~하지 않는	(빈도 10%)
	hardly / ④ rarely / barely	⇒ 거의 ~하지 않는	(빈도 5%)
	⑤ hardly ever	⇒ ~할 일이 극히 드문	(빈도 3%)
	⑥ almost never	⇒ ~할 일이 거의 없는	(빈도 1%)
	never	⇒ 절대 ~하지 않는	(빈도 0%)

B. 다음은 "sometimes"와 같은 뜻의 표현들입니다. Cheat Box 속 표현들로 빈칸을 채워보세요.

(1) 난 가끔 배 타러 가.
(2) 난 때때로 등산을 가. → 정답 : then
(3) 난 종종 낚시하러 가. → 정답 : once

C. 주어진 표현을 포함해 각 문장을 완성해봅시다.

ex1) 걘 항상 늦어.
ex2) 걘 절대 하이킹 안 가. (걘 하이킹 가는 법이 없어.)

(1) → 정답 : She often wears red.   걘 빨간색 옷을 자주 입어.
(2) → 정답 : I sometimes talk in my sleep.   난 가끔 잠꼬대해.
(3) → 정답 : I barely have time to sleep these days. 나 요즘 거의 잠잘 시간이 없어.
(4) → 정답 : We hardly know each other.   우리 서로 거의 잘 모르는 사이야.

D. 다음 응답은 참고용입니다. 질문에 자유롭게 응답해보세요.

Q: How often do you go shopping?   Q: 당신은 얼마나 자주 쇼핑하러 가나요?
A: I hardly go shopping. I usually do   A: 거의 안 가요. 전 보통 인터넷으로
　 my shopping online.   물건을 사요.

Check This Out

1) 보통, 빈도를 나타내는 표현들은 be동사 뒤 또는 일반동사 앞에 등장해요.

2) "seldom", "rarely", "barely", "hardly"는 "not"이나 "never"라는 말이 없어도 그 자체가 부정을 내포하고 있는 단어들이에요. 따라서 이들이 문장에 사용되면 "좀처럼/거의 ~하지 않는다"라는 뜻이 되죠.

3) "often"은 나머지 표현들에 비해 위치가 자유로운 편이에요. 일반동사 앞에 사용하기도 하지만, 문장 맨 끝에 사용하는 경우도 많죠.

ex) Do you often go jogging?   너 조깅 자주 가?
ex) Do you come here often?   너 여기 자주 와?

You should give it a try.
(그거) 한번 해봐.

Gotta Know

A. Let's practice the dialogues using the given information.

> A: Do you work out?
> B: Yeah, I do <u>taekwondo</u>.

> A: What should I do to stay healthy?
> B: You should try <u>Pilates</u>.

①	②	③	④

judo	yoga	boxing	aerobics

B. Let's look at the example and change the sentences accordingly.

> ex) You should try push-ups. → Why don't you try push-ups?

(1) You should get a haircut. → _____?
(2) You should cut back on smoking. → _____?
(3) You should take boxing lessons. → _____?
(4) You should give it a try. → _____?

Gotta Remember

C. Change the underlined parts with what we have learned today.

A: What's your hobby?
B: <u>I do yoga.</u>
A: How do you like it?
B: I love it. It's so much fun. <u>You should try it, too.</u>

D. Answer the question below.

Q: What should I do to lose some weight?
A: _____
_____.

A. 주어진 정보를 이용해 다음 대화문들을 연습해봅시다.

A: 너 (평소에) 운동해?	A: 건강을 유지하려면 어떻게 해야 하지?
B: 응, 난 태권도 해.	B: 필라테스 한번 해봐.

① 유도	② 요가	③ 복싱	④ 에어로빅

B. 보기를 참고로 하여 문장들을 바꿔봅시다.

ex) 팔굽혀펴기 한번 해봐. → 팔굽혀펴기 한번 해보지 그래?

(1) 너 머리 잘라야겠다. → 정답 : Why don't you get a haircut?
　　　　　　　　　　　　　　머리 자르는 게 어때?

(2) 너 담배 좀 줄여야겠다. → 정답 : Why don't you cut back on smoking?
　　　　　　　　　　　　　　담배 좀 줄이지 그래?

(3) 복싱 수업받아. → 정답 : Why don't you take boxing lessons?
　　　　　　　　　　　복싱 수업받는 게 어때?

(4) 한번 해봐. → 정답 : Why don't you give it a try?
　　　　　　　　한번 해보지 그래?

C. 오늘 학습한 내용을 이용해 밑줄 부분을 바꿔가며 자유롭게 대화를 나눠보세요.

A: 넌 취미가 뭐야?
B: 난 요가를 해.
A: 그거 어때?
B: 정말 좋아. 엄청 재밌거든. 너도 한번 해봐.

D. 다음 응답은 참고용입니다. 질문에 자유롭게 응답해보세요.

Q: What should I do to lose some weight?　Q: 살을 좀 빼려면 어떻게 해야 할까요?
A: Try to walk for at least an hour a day.　A: 하루에 한 시간 이상 걷도록 해보세요.
　　As you know, walking is good for health.　　당신도 알겠지만, 걷는 게 건강에 좋거든요.

Check This Out

1) 그냥 단순히 **"한번 해 봐."**라고 말할 때는 다음과 같이 표현할 수 있어요.

(You should) Try it.	너도 한번 해봐. / 네가 한번 해봐.
(You should) Give it a try.	너도 한번 해봐. / 네가 한번 해봐.
(You should) Give it a go.	너도 한번 해봐. / 네가 한번 해봐.
(You should) Give it a shot.	너도 한번 해봐. / 네가 한번 해봐.
(You should) Try it out.	너도 한번 해봐. / 네가 한번 해봐.
(You should) Have a go.	너도 한번 해봐. / 네가 한번 해봐.

Gotta Know

A. Let's look at the activities and place them in the right boxes.

golf	surfing
pool	aerobics
yoga	exercise
chess	football
kendo	athletics
hiking	badminton
camping	taekwondo
fishing	snowboarding
jogging	table tennis

go ...	play ...	do ...

B. Let's look at the example and change the sentences accordingly.

ex) I like cars so much. → I'm a car maniac.

(1) I like parties a lot. → _____.

(2) I like fishing a lot. → _____.

(3) I like basketball so much. → _____.

(4) I like chocolate a lot. → _____.

(5) I like dancing so much. → _____.

Gotta Remember

C. Answer the questions below.

(1) Q: What do you like doing in your free time?

A: _____.

(2) Q: What is one thing that you can't live without?

A: _____.

A. 다음 활동들을 어울리는 동사에 따라 분류해봅시다. (아래 내용은 정답입니다.)

"go"와 어울리는 활동들		"play"와 어울리는 활동들		"do"와 어울리는 활동들	
hiking	하이킹	golf	골프	yoga	요가
camping	캠핑	pool	당구	kendo	검도
fishing	낚시	chess	체스	exercise	운동
jogging	조깅	football	미식축구	aerobics	에어로빅
surfing	서핑(파도타기)	badminton	배드민턴	athletics	육상 경기
snowboarding	스노보딩	table tennis	탁구	taekwondo	태권도

B. 보기를 참고로 하여 각 문장의 뜻을 담은 새로운 문장을 만들어봅시다.

ex) 난 자동차를 너무 좋아해. → 난 자동차광이야. (난 자동차 마니아야.)

(1) 난 파티를 너무 좋아해. → 정답 : I'm a party maniac.   난 파티광이야.
(2) 난 낚시를 너무 좋아해. → 정답 : I'm a fishing maniac.   난 낚시광이야.
(3) 난 농구를 너무 좋아해. → 정답 : I'm a basketball maniac.   난 농구 마니아야.
(4) 난 초콜릿을 너무 좋아해. → 정답 : I'm a chocolate maniac.   난 초콜릿광이야.
(5) 난 춤을 너무 좋아해. → 정답 : I'm a dance maniac.   난 댄스광이야.

C. 다음 응답들은 참고용입니다. 각 질문에 자유롭게 응답해보세요.

(1) Q: What do you like doing in your free time?
    A: I like doing yoga.
       Q: 당신은 시간이 날 때 무엇을 즐겨 하나요?
       A: 저는 요가 하는 것을 좋아해요.

(2) Q: What is one thing that you can't live without?
    A: I can't live without chocolate. You could say I'm a chocolate maniac.
       Q: 당신에게 있어, 없으면 못 사는 한 가지는 무엇인가요?
       A: 저는 초콜릿이 없으면 못 살아요. 초콜릿광이라 할 수 있죠.

Check This Out

1) 산이나 바다 등 어딘가로 가서 하는 활동들은 동사로 "go"를, 누군가와 경쟁 또는 시합을 하거나 공으로 하는 운동들은 동사로 "play"를, 도구 없이 주로 몸으로만 하는 운동들은 동사로 "do"를 활용해요.

2) "golf"의 경우, "골프를 치다(play golf)"라는 뜻이 아니라 "골프를 치러 가다"라고 말할 땐 동사로 "go"를 사용하는데, 이때는 "go golf"가 아니라 "go golfing"이라고 표현해야 해요.

3) "maniac"은 "미치광이"라는 뜻으로, "He drives like a maniac. (걘 미치광이처럼 운전해. / 걘 완전 난폭하게 운전해.)"와 같이 부정적인 의미로도 사용할 수 있지만 무언가를 엄청나게 좋아하는 사람을 일컬을 때도 사용할 수 있어요. 단, 아주 과장해서 말할 때가 아니면 이런 의미로 사용되는 경우는 드물어요.

I want to get some rest.

난 좀 쉬고 싶어.

Gotta Know

A. Let's identify what you need to do and what you want to do. (Some answers may vary.)

be there before noon	have a drink	plan ahead
get a better job	have some sushi	rush to work
go get my car fixed	make new friends	see a doctor
go on vacation	pay my phone bill	see a movie

I need to ...	VS	I want to ...

Gotta Remember

B. Think of four things you need to do and another four things you want to do, and then complete the sentences.

(1) I need to _____.
(2) I need to _____.
(3) I need to _____.
(4) I need to _____.

(5) I want to _____.
(6) I want to _____.
(7) I want to _____.
(8) I want to _____.

A. 다음 활동들을 꼭 해야 하는 것과 하고 싶은 것으로 구분해봅시다. (일부 정답은 응답자에 따라 다를 수 있음)

해야 하는 것		하고 싶은 것	
see a doctor	병원에 가다	get a better job	더 나은 일자리를 구하다
plan ahead	미리 계획을 세우다	see a movie	영화를 보다
rush to work	서둘러 회사에 가다	go on vacation	휴가를 가다
be there before noon	12시 전에 거기 가다	make new friends	새 친구들을 사귀다
go get my car fixed	차 수리하러 가다	have some sushi	초밥을 먹다
pay my phone bill	전화 요금을 내다	have a drink	술 한잔하다

B. 다음 문장들은 참고용입니다. 자신이 꼭 해야 하는 것과 하고 싶은 것을 각각 4개씩 완벽한 문장으로 자유롭게 표현해봅시다.

(1) → 정답 : I need to <u>study English</u>.　　　　전 영어를 공부해야 해요.
(2) → 정답 : I need to <u>pay my rent</u>.　　　　　전 월세를 내야 해요.
(3) → 정답 : I need to <u>quit smoking</u>.　　　　　전 담배를 끊어야 해요.
(4) → 정답 : I need to <u>bathe my kids every day</u>.　전 매일 애들 목욕시켜야 해요.
(5) → 정답 : I want to <u>get some rest</u>.　　　　　전 좀 쉬고 싶어요.
(6) → 정답 : I want to <u>go on a long vacation</u>.　전 긴 휴가를 떠나고 싶어요.
(7) → 정답 : I want to <u>lose some weight</u>.　　　전 살을 좀 빼고 싶어요.
(8) → 정답 : I want to <u>go out for dinner tonight</u>.　전 오늘 밤에 외식하고 싶어요.

Check This Out

1) "take a rest"는 주로 한국이나 아시아권에서 영어를 가르칠 때 자주 등장하는 표현이지만 원어민에게는 낯설고 어색한 표현이랍니다. 그만큼 잘 사용되지 않는 표현이죠. **"쉬다"**라고 말할 때는 **"rest"**나 **"have some rest"**, **"get some rest"**라고 표현하는 게 일반적이에요. **"take a rest"**를 굳이 사용하자면, 어떤 일을 하던 중에 **"잠깐 쉬다"**라고 말할 때 사용될 수 있지만, 이 경우에도 **"take a rest"**보다는 **"take a break"**이 더 일반적으로 사용되죠.

2) 일반적으로 차 수리나 이발의 경우, 내가 직접 차를 수리하거나, 내가 직접 내 머리카락을 자르는 게 아니라서, 실제로는 **"나 차 수리받으러 가야 해."**, **"나 이발 좀 받아야겠어."**라고 표현해야 옳겠지만, 우리말에서는 **"나 차 수리하러 가야 해."**, **"나 이발 좀 해야겠어."**처럼 직접 하는 것처럼 표현하는 게 더 자연스러워졌어요. 영어로 표현할 때도 우리 말과 같다면 좋겠지만, 이 부분만큼은 차이가 있습니다. 영어에서는 이런 경우 엄격하게 **"직접 하는 게"** 아니라 **"받는 것"**으로 표현해요. 이런 표현에서 등장하는 것이 **"get ... p.p."**와 **"have ... p.p."** 이죠.

　ex) I need to get my car fixed.　　　　나 차 수리 좀 받아야겠어.
　ex) I had my hair cut yesterday.　　　나 어제 이발했어.
　ex) I want to have my hair dyed, please.　저 머리 염색하고 싶은데요.
　ex) I had my car washed.　　　　　　나 세차했어.
　ex) I got my tooth pulled.　　　　　　나 이 뺐어.

069 Why don't we go for a coffee?
(우리) 커피 한 잔 하러 가는 거 어때?

Gotta Know

A. Let's practice the dialogues using the given information.

> A: Why don't we go for <u>a movie</u>?
> B: Yeah, that's a good idea.

> A: What should we do?
> B: Why don't we go for <u>a run</u>?

①	②	③	④
walk	jog	drive	drink

B. Let's look at the example and change the sentences accordingly.

ex) Give it a shot.　　　　→ Why don't you give it a shot?

(1) Wait here.　　　　　→ _____ ?
(2) Close the door.　　　→ _____ ?
(3) Give it a listen.　　　→ _____ ?
(4) Ask Jason for a ride.　→ _____ ?

Gotta Remember

C. Complete the dialogues.

(1) A: _____ take a cab?
　　 B: Nah, it's within walking distance. Let's just walk.

(2) A: _____ ask her out?
　　 B: I can't. She's way out of my league.

(3) A: _____ call it a day?
　　 B: Yeah, let's do that. We'll finish up the rest tomorrow.

A. 주어진 정보를 이용해 다음 대화문들을 연습해봅시다.

A: 우리 영화 보러 가는 거 어때?	A: 우리 뭐 할까?
B: 응, 좋은 생각이야.	B: 우리 좀 뛰고 올까?

①	걷다, 산책하다, 걷기, 산책	②	조깅하다, 조깅	③	운전(하다), 드라이브(하다)	④	마시다, 술, 음료

B. 보기를 참고로 하여 주어진 문장들을 바꿔봅시다.

ex) (그거) 한번 해봐.　　　　　→ (그거) 한번 해보지 그래?

(1) 여기서 기다려.　　　　　→ 정답 : Why don't you wait here?
　　　　　　　　　　　　　　　　여기서 기다리는 게 어때?

(2) 문 닫아.　　　　　　　→ 정답 : Why don't you close the door?
　　　　　　　　　　　　　　　　문 좀 닫지 그래?

(3) (그거) 한번 들어봐.　　　→ 정답 : Why don't you give it a listen?
　　　　　　　　　　　　　　　　(그거) 한번 들어보는 게 어때?

(4) 제이슨한테 태워달라고 해.　→ 정답 : Why don't you ask Jason for a ride?
　　　　　　　　　　　　　　　　제이슨한테 태워달라고 해보지 그래?

C. 알맞은 표현으로 다음 각 대화문을 완성해보세요.

(1) A: 택시 타고 가는 게 어때?　　　　　　→ 정답 : Why don't we
　　B: 아니, 거긴 걸어갈 만한 거리야. 그냥 걸어가자.

(2) A: 그녀에게 데이트 신청하지 그래?　　　→ 정답 : Why don't you
　　B: 안 돼. 그녀는 내가 넘볼 수 있는 수준이 아니야.

(3) A: 우리 오늘은 이 정도 하는 게 어때?　　→ 정답 : Why don't we
　　B: 응, 그러자. 나머지는 내일 끝내고.

Check This Out

1) 동사 중에는 명사로도 사용되는 것들이 있는데, 이런 명사들을 "go for a ..."처럼 표현하면 "~하러 가다"라는 뜻이 되기도 해요.

　　ex) Why don't we go for a swim?　　　(우리) 수영하러 가는 거 어때?
　　ex) Why don't we go for a smoke?　　(우리) 담배 한 대 피우러 가는 거 어때?

동사로 사용되지 않는 명사들도 어딘가로 "가는" 행동과 관련이 있다면 이렇게 표현할 수 있어요. 예를 들어, "영화(movie)"는 주로 영화관에 가서 보기 때문에 "go for a movie" 처럼 표현할 수 있죠.

　　ex) Why don't we go for a cup of coffee?　(우리) 커피 한 잔 하러 가는 거 어때?
　　ex) Let's go for a picnic.　　　　　　　(우리) 소풍 가자.

070 Let's keep this a secret.

이건 비밀로 하자.

Gotta Know

A. Let's practice the dialogues. Replace the underlined sentences with the ones in the *Ready-to-Use Boxes*.

(1) A: If you're not too busy tonight, let's go out.
  B: <u>That's a good idea.</u>

(2) A: Let's see a movie after dinner.
  B: <u>Sounds great.</u>

Ready-to-Use Box
(Yeah,) Sure!
Why not?!
Okay.
All right.
Sounds good.
Sounds like a plan.
I'm game.
I'd love to.
I'd like that.

(3) A: Let's go for a pizza.
  B: <u>I don't feel like it.</u>

(4) A: Let's have dinner together tonight.
  B: <u>Can I take a rain check on that?</u>

Ready-to-Use Box
Maybe next time.
Maybe some other time.
I'll pass (this time).
I'm not in the mood.
I'm not up for it.
(I'm) Sorry, but I can't.
I'd like to, but I can't.
I wish I could, but I can't.

Gotta Remember

B. Change the underlined parts with what we have learned today.

(1) A: Let's <u>get together tonight</u>.
  B: <u>I'm game.</u> What time should we meet up?

(2) A: Let's <u>go have a drink tonight</u>.
  B: <u>Maybe some other time.</u> I've already made plans with Joy.

158   Let's keep this a secret.

A. Ready-to-Use Box 속 표현들로 밑줄 부분을 바꿔가며 대화문들을 연습해봅시다.

(1) A: 오늘 밤에 그렇게 바쁘지
　　　않으면 놀러 나가자.
　　B: <u>좋은 생각이야.</u>

(2) A: 저녁 먹고 나서 영화 보자.
　　B: <u>아주 좋은 생각이야.</u>

(Yeah,) Sure!	응, 그래!
Why not?!	그래, 그러자! / 그러지 뭐.
Okay.	오케이. / 좋아. / 응.
All right.	그래.
Sounds good.	좋은 생각이야.
Sounds like a plan.	괜찮은 생각인 거 같아.
I'm game.	그래. / 좋지.
I'd love to.	(정말) 그러고 싶어.
I'd like that.	그러면 좋겠어.

(3) A: 피자 먹으러 가자.
　　B: <u>난 별로 안 당겨.</u>

(4) A: 오늘 밤에 같이 저녁 먹자.
　　B: <u>다음에 먹으면 안 될까?</u>

Maybe next time.	다음에 하자.
Maybe some other time.	다음번에 하자.
I'll pass (this time).	(이번엔) 패스할게.
I'm not in the mood.	그럴 기분 아니야.
I'm not up for it.	그럴 기분 아니야.
(I'm) Sorry, but I can't.	미안하지만 안 돼.
I'd like to, but I can't.	그러고 싶지만 안 돼.
I wish I could, but I can't.	
	그럴 수 있으면 좋겠지만 안 돼.

B. 오늘 학습한 내용을 이용해 밑줄 부분을 바꿔가며 자유롭게 대화를 나눠보세요.

(1) A: 오늘 저녁에 만나자.
　　B: 좋지. 몇 시에 만나면 좋을까?

(2) A: 오늘 밤에 한잔하러 가자.
　　B: 다음에 하자. 난 이미 조이와 계획 세워둔 게 있어.

Check This Out

1) 상대방이 "**Let's ...**"라고 제안할 때는 "**Let's do. (하자.)**" 또는 "**Let's not. (하지 말자.)**"으로
대답하기도 해요.

2) 무언가를 하지 말자고 제안할 때는 "**Let's not ...**"이라고 표현해요.
　ex) Let's not waste time.　　　　　　시간 낭비하지 말자.
　ex) Let's not talk about this anymore.　이건 더 이상 이야기하지 말자.
　이처럼 "하지 말자"는 제안에 동의할 때는 다음과 같이 표현해요.
　• Okay.　　　　　　　응. / 좋아. / 알았어.
　• Sure.　　　　　　　응. / 그래.
　• Yeah, let's not.　　그래, 그러지 말자.
　• It's your call.　　　너 알아서 해. / 네가 정해.
　• Whatever you say.　좋을 대로 해. / 네 말대로 할게.